세상을 바꾼
10대들,
그들은
무엇이
달랐을까

세상을 바꾼 10대들, 그들은 무엇이 달랐을까

개정판 2024년 8월 20일 1판 1쇄

지은이 정학경
펴낸이 김영선
편집주간 이교숙
교정·교열 정아영, 나지원, 이라야
경영지원 최은정
디자인 정윤경
일러스트 다즈랩
마케팅 신용천

발행처 ㈜다빈치하우스-미디어숲
출판브랜드 미디어숲
주소 경기도 고양시 덕양구 청초로 66 덕은리버워크지산 B동 2007호~2009호
전화 (02) 323-7234
팩스 (02) 323-0253
홈페이지 www.mfbook.co.kr
출판등록번호 제 2-2767호.

값 17,800원
ISBN 979-11-5874-224-9(43300)

㈜다빈치하우스와 함께 새로운 문화를 선도할 참신한 원고를 기다립니다.
이메일 dhhard@naver.com (원고 및 기획서 투고)

세상을 바꾼 10대들, 그들은 무엇이 달랐을까

정학경 지음

"생명을 위협받는 시대, 세상을 뒤집을 10대들이 왔다!"

미디어숲

소박하지만 시끌벅적한
나만의 음악을 연주하라

"제 꿈은… 기초생활 수급자예요. 아르바이트하며 힘들게 일해도 겨우 100만 원도 못 버는데 그냥 나라에서 주는 이런저런 수당이나 받으면서 살래요."

어느 중학교에서 강연할 때였습니다. 학생들이 가진 꿈에 대해 듣는 시간이 있었는데, 한 남학생이 밝힌 자신의 꿈입니다. 이 말을 듣고 저는 적잖은 충격을 받았습니다.

처음에는 그저 장난으로 한 말이겠거니 했습니다. 그런데 이후에 또 다른 학생도 정부에서 주는 돈을 받아 사는 수급자가 꿈이라고 했습니다. '돈 많은 백수', '부자 만나서 결혼하기'보다 더 놀라운 꿈을 만난 것이죠. 한동안 이 아이들의 말이 귓가에 맴돌았습니다. 시간이 지날수록 가슴이 답답해졌습니다. 그날의 만남은 결국 이 책을 쓰는 계기가 되었습니다.

저는 전국의 학생과 학부모를 대상으로 강의하고 동시에 진로, 입시 컨설턴트로 오랜 기간 상담해 왔습니다. 수시 시즌이 되면 자기소개서도 많이 읽습니다. 서울대를 지원한 수험생들이 자기소개서를 쓸 때 가장 많이 다룬 책이 뭘까요? 바로『정의란 무엇인가』입니다. 이 책은 서울대를 지원한 학생들뿐만 아니라 대한민국 고등학생 학생부에 가장 흔하게 적혀 있는 책이기도 합니다. 실제로는 다 못 읽었어도 책장에 꽂혀있는 이 책은 우리 사회에 '정의'가 무엇인지 생각하게 했습니다. 이런 반응은 그만큼 우리 사회가 정의롭고 공정한 사회가 아니라는 방증이지 않을까 하는 생각에 씁쓸하기도 하고 슬프기도 합니다.

그런데 여기 정의 없는 세상에 분노하며 용기를 낸 10대들이 있습니다. 학교에서 배운 도덕과 상식이 작동하지 않는 사회에 '도대체 왜 그럴까?' 하는 호기심과 '어떻게 이럴 수가 있을까?'라는 불만을 에너지 삼아 소외당하고 힘들어하는 이웃에게 공감하며 따뜻한 손길을 건넨 것이죠. 많이 배우지는 못했어도 '깨달은 것'을 직접 실천하려는 10대들이 있습니다. 이들은 순수했습니다. 그지 자신의 흥미와 재능대로 할 수 있는 일을 찾아 열정적으로 즐겼습니다. 누가 시켜서도, 입시에 도움이 되어서도 아니었습니다. 이들은 친구, 가족, 학교, 지역사회에 도움을 청하고 함께 힘을 모았습니다. 그리고 자신들도 생각지 못한 놀라운 성과를 거두고 유명해졌습니다. 이 모든 것은 순수하고 진실한 열정에 따라온 부산물일 뿐입니다. 무엇보다 여기에 안주하지 않고 배우려는 아이들이 더 많습니다. 이들은 아직 어리고 할 수 있는 일들도 많습니다.

앞으로 우리가 살펴볼 친구들은 어른처럼 미리 규정짓고 계산하는 고정관념과 편견이 없어, 창의적이고 자유롭게 상상력을 열어 사회를 바꿔 가는 혁신가들입니다. 저는 마치 영화 속에서나 볼법한 이 친구들을 '영웅'이라고 부릅니다. 체인지메이커, 시민운동가, 사회참여 활동가, 사회적 혁신가 등 다양하게 부를 수도 있지만, 이 모두를 아우르는 '영웅'으로 부르기로 했습니다.

세상에는 자기 안의 음악을 펼쳐 보지도 못하고 죽음을 맞이하는 사람들이 의외로 많다.

–올리버 웬델 홈스

지구별을 살아가는 10대들의 공통점이 뭘까요? 바로 '음악'입니다. 국경을 초월해 언제 어디서든 귀에 이어폰을 꽂고 리듬에 맞춰 흥얼거리는 10대들을 만날 수 있습니다. 그런데 정작 '나의 음악은 뭘까? 나의 음악을 세상에 어떻게 펼쳐 볼까?' 하고 고민해 본 10대는 과연 얼마나 될까요?

저는 이 책을 읽을 10대가 여기에 소개한 사람들처럼 유명해지길 바라는 게 아닙니다. 큰 무대에 서는 자만 위대한 것이 아니라 작아도 자기 삶의 무대를 소중히 여기며 가치 있게 키워 가는 자가 사실 더 위대하다고 생각하니까요. 그래서 여러분의 한 번뿐인 소중한 인생을 살아갈 때, 사회에 기생하는 존재가 아닌 보탬이 되는 쓸모 있는 존재가 되길 바라며 이 책을 썼습니다.

미래 사회가 원하는 인재는 똑똑하고 공부 잘하는 사람이 아닙니다. 주변을 돌아보고 어려운 이웃의 아픔을 함께 느낄 수 있는 공감 능력을 갖춘 따뜻한 인재를 원합니다. 그래서 이제는 '문제 해결 능력' 이전에 문제를 스스로 발견하도록 돕는 '문제 발견 능력'이 더 중요해진 시대입니다.

청소년은 미래의 희망일 뿐만 아니라 지금 이 시대 어른과 함께 살아가는 '시민'입니다. 민주주의와 시민의식은 교과서에 나오는 거창한 '명사'가 아니라, 삶에서 구체적으로 부대끼고 살아가며 겪는 불편함을 바꿔 나가는 '동사'입니다. 청소년이 자신이 속한 공동체와 매일 살아가는 생활 속 문제를 발견하고 이를 개선하기 위해 힘을 합쳐 지혜를 모아 나가는 과정이 진정한 공부입니다.

이 책에는 스스로 문제를 찾아 해결하는 방법이 자연스럽게 녹아든 교육이 담겨 있습니다. 읽다 보면 어릴 때부터 세상을 더 나은 곳으로 바꾸는 일에 참여할 수 있도록 청소년의 역량을 강화하는 교육이 얼마나 중요한지도 저절로 와 닿을 것입니다.

어떤 게 실화이고, 어떤 게 영화인지 알 수 없는 이 친구들의 성장 스토리를 보면서 저 또한 성장하고 싶었습니다. 저는 대한민국 청소년이 제발 더 지지고 볶고 시끌벅적 소란스러우면 좋겠습니다. 그래서 즐겁게 세상을 바꾸는 행복한 사회 혁신가가 되길 소망합니다.

마지막으로 이 책을 쓰는 데 지원을 아끼지 않은 남편 백준열에게 사랑과 감사의 말을 전합니다. 사랑하는 딸 은하도 이 책에 나오는 아이들처럼 선한 영향력으로 세상을 섬기는 인재가 되기를 바랍니다.

저자 정학경

프롤로그

내 안의 잠꾸러기 잠재력에
파괴적 키스를 퍼부어라!

이 책에는 발명으로 세상을 이롭게 하거나, 환경 보호에 앞장 서거나, 인권이 회복되는 평화로운 세상을 만들고 더불어 사는 삶을 실천한 친구들이 나옵니다. 책 속에 나오는 친구들은 여러 분처럼 평범한 청소년이랍니다. 실제로 이 책을 읽다 보면 '뭐야? 나랑 비슷하잖아?'라는 생각이 들 만큼 여러분과 크게 다르지 않습니다.

다만 몇 가지 특이점이 있다면, 일단 이 친구들은 세상에 도움이 되는 일이라면 어른이 될 때까지 미루지 않고 지금 당장 할 수 있는 일을 찾아서 한다는 것입니다. 그리고 순수합니다. 혹시 여러분은 여전히 생일 케이크의 촛불을 끌 때 "세상을 평화롭게 해 주세요. 모두가 행복하게 살 수 있게 해 주세요." 하고 소원을 비나요? 아마 유치원생 시절 이후로 이런 소원은 빌지 않을 거예요.

그런데 책 속의 친구들은 더 나은 세상을 꿈꿔요. 또 이 친구들이 잘하는 게 있어요. 남의 아픔과 불편에 공감을 잘해서, 그냥 지나칠 수도 있는 상황에 적극 뛰어들어 고생을 사서 하기도 합니다. "뭐 어때? 그냥 해 보는 거야." 이런 생각으로요.

또 다른 특기는 '맨땅에 헤딩'과 '삽질 정신'이랍니다. "포기는 배추 셀 때나 쓰는 말이거든." 하고 썰렁한 아재 개그를 던질 만큼 끈기도 있습니다. 또 뭐 하나에 빠지면 몰입하는 '덕후' 기질도 넘칩니다. 여러분도 좋아하는 연예인과 스포츠 선수 그리고 게임이나 애니메이션 '덕질'은 가뿐히 하지 않나요? 그러니 여러분에게도 책 속 친구들처럼 영웅이 될 가능성이 숨어 있어요.

그런데 여러분은 자신의 가능성을 인정하지 않는 것 같아요. 어떤 때는 아예 이 가능성 자체를 찾아볼 생각조차 하지 않는 것 같거든요. "나는 나 자신이 실망스러워요." 하루 종일 학교와 학원에 갇혀 공부하지만, 그에 비해 성적이 나오지 않아 스스로에게 짜증 난 친구들도 많을 거예요. 누구보다 잘하고 싶은 마음이 간절한데 부모님은 내 속도 모르고 '대학 못 가면 대한민국에서 먹고살기는커녕 사람 구실도 못 한다'고 잔소리하지요. 설상가상으로 4차 산업혁명이다 뭐다 해서 앞으로는 인간의 일자리가 인공지능에 빼앗긴다고 하니 두려움만 커져요. 매일매일 가슴 떨리게 즐겁고 행복한 하루를 보내고 싶은데 현실이 발목을 잡아요.

이런 생각에 고민하고 가슴 아팠던 친구들, 모두 괜찮아요. 누구나 이런 과정을 겪으며 어른이 되니까요. 그런데 이제 실망과 짜증과 분노 대신 이렇게 질문해 보면 어떨까요?

"내 안에는 어떤 가능성과 잠재력이 있을까?"

이 책은 10대인 여러분의 무한한 잠재력을 증명하고 있습니다. 여러분은 백설 공주처럼 아주 푹 잠들어 있는 '영웅'이거든요. 이제 일어나기만 하면 된답니다. 왕자의 '키스'가 필요하다고요? 이 책이 그 역할을 할 겁니다.

그렇다면 지금부터 내 안에 잠들어 있는 영웅을 깨워 볼까요?

1장

기발함으로 세상을 뒤집다

2장

칠흑 같은 세상, 빛을 쏘다

⚡ 5장 ⚡

폭력이 사라진 세상을 위해 눈을 뜨다

⚡ 6장 ⚡

사소한 일상으로 세상의 힘이 되다

기발함으로
세상을 뒤집다

8천 개의 단백질 조사로
췌장암을 정복하다

2012년 세계 최초로 췌장암 조기 진단 키트를 개발한 소년 과학자가 있습니다. 바로 열다섯 살의 잭 안드라카^{Jack}^{Andraka}입니다. 잭은 삼촌처럼 지내던 가까운 이웃 아저씨가 췌장암 진단을 받은 지 얼마 안 돼 갑자기 사망하는 슬픔을 겪었습니다. 잭은 소중한 사람이 갑자기 하늘나라로 간 것이 믿기지 않아 큰 충격을 받았습니다. 잭을 비롯한 주변 사람들 모두가 '조금만 더 일찍 병을 발견했더라면' 하면서 후회하고 아쉬워했습니다. 대부분 이야기는 여기서 끝이 나죠. 하지만 그는 슬픔과 동시에 이런 생각을 합니다.

'현대 의학은 엄청나게 발전했는데도 왜 췌장암을 미리 발견하지 못할까?'

잭은 이웃 아저씨를 죽음으로 몰아넣은 병의 정체를 알기 위해 연구를 시작합니다. 거창한 연구라고 할 것도 없이 처음에는 그저 인터넷 검색부터 시작했습니다. 이때 잭은 췌장이 몸 속 어디에 붙어 있는지도 몰랐고, 과학 지식은 겨우 중학교 수준이었어요. 하지만 아는 것이 많지 않았기에 오히려 고정관념과 선입견이 없었고, 그래서 무엇이든 시도할 준비가 되어 있었습니다.

먼저 잭은 인터넷 검색으로, 암에 걸리면 특정 단백질이 혈액에서 증가한다는 사실을 알게 되었습니다. 췌장암에 걸렸을 때 혈액에서 발견되는 단백질은 8천 개나 되었어요. 여기서 포기할 법도 한데 그는 그래도 8천 개 안에 답이 있으니 다행이라 여기고 그 수많은 단백질 종류를 일일이 확인하면서 췌장암 발병 여부를 확정할 수 있는 단백질 찾기에 돌입했습니다. 전문가들이 쓴 어려운 논문을 해석하고 단백질 찾기의 무한 반복을 인내한 끝에 결국 4천 번째 시도에서, 췌장암이나 난소암, 폐암에 걸렸을 때 '메소텔린mesothelin'이라는 단백질 수치가 증가한다는 사실을 알아냈습니다. 여기서 끝이 아니었습니다. 연구실과 기자재의 지원을 얻기 위해 무려 200명의 췌장암 전문가에게 이메일을 보내 199번 거절당하는 좌절도 견뎌냈습니다. 그리고 마침내 그의 아이디어를 존중해 준 단 한 명이 어른을 만납니다. 잭은 존스홉킨스 대학교 아니르반 마이트라 박사의 도움으로 7개월에 걸친 연구의 결점을 보완했습니다.

마침내 잭은 치열한 노력 끝에 기존의 방식보다 진단 속도가 168배나 빠르고, 거의 100퍼센트에 달하는 정확도를 보이며, 검사 비용은 약 3센트(원화로 약 30원)밖에 들지 않는 췌장암 조기 진단 키트 '옴미터$^{Ohm\ Meter}$'를 개발하는 데 성공합니다. 췌장암을 진단할 때 약 800달러의 비용이 드는 것을 생각한다면 그야말로 획기적인 발명이었죠.

잭은 2012년 세계 최대의 과학경진대회인 ISEF(인텔 국제과학기술경진대회)에서 최고 영예인 '고든 무어 상'을 받았습니다. 그리고 미셸 오바마 영부인은 그를 2013년 미국 대통령 국정연설의 귀빈으로 초대하기도 했으며, 잭이 직접 들려준 이야기를 다룬 TED 강연은 조회 수 380만을 돌파하며 큰 인기를 끌었습니다.

잭 안드라카는 우리 주변에서 볼 수 있는 평범한 10대입니다. 그 또한 친구들로부터 극심한 따돌림을 당하기도 했고, 남과 다른 성 정체성 때문에 심각한 우울증을 겪기도 했습니다. 또 사랑하는 사람을 잃기도 했죠. 하지만 잭은 이 모든 걸 극복하고 자신 안에 숨겨진 가능성에만 집중해 결국 성취해 냈습니다. 남과 비교해서 열등감에 괴로워하고 다른 사람들의 시선과 말에 위축될 수도 있는 시간에 그는 오히려 자신의 목표와 사명에만 집중했습니다. 그 시작과 원동력은 바로 사랑하는 사람을 잃은 아픔과 호기심이었습니다. 문제 해결 방식도 심오하고 거창한 방식이 아니었어요. 우리가 매일 일상에서 습관처럼 하는 인터넷 검색을 통해서였죠. 그가 인터넷으로 논문을 읽고 문제 해결을 위한 아이디어를 찾을 수 있었던 것처럼, 누구나 목표만 분명하다면 인터넷만으로도 세상을 바꿀 수 있는 정보를 얻을 수 있습니다. 여기까지만 들으면 이런 생각이 들겠죠?

"어? 나도 스마트폰 하루 종일 끼고 살면서 검색 많이 하는데?"

"어? 나도 학교 숙제할 때 인터넷으로 자료 잘 찾아내는데?"

그런데 '검색만 하고' 그 이후에 구체적인 성과로 발전시키지 않으면 소용이 없답니다. 잭은 4천 번이나 실패하면서도 집요하게 공부한 끝에 결국 단백질을 찾아냈고, 아이디어를 구체화하기 위해서 세계적인 연구자들의 문을 두드렸으며, 체계적인 실험을 함께했죠. 아무리 힘든 상황에서라도 해낼 수 있다는 낙관적인 의지를 갖고 열정적으로 노력했습니다.

잭은 여전히 배우며 성장하는 중입니다. 그는 스탠퍼드 대학교에 입학해 전기공학과 문화인류학을 복수 전공했습니다. 사람을 제대로 이해하는 인문학과, 기술을 체계적으로 개발할 수 있는 전기공학을 조화시켜 가능한 한 많은 사람의 생명을 살리고 싶은 큰 비전이 있었기 때문이죠. 이후 그는 스탠퍼드 대학교 암 연구소에서 색깔의 변화로 여러 질병을 감지하는 종이 센서를 출력하는 잉크젯 프린터, 그리고 인체에 투입하면 서로 다른 암세포들을 표적으로 삼고 가장 정확하게 없애는 방법을 찾아주는 나노로봇을 연구했습니다.

어린 시절의 성공을 디딤돌 삼아 더 성장하려는 잭은 강연에서 '이제는 여러분의 차례'라며 다음과 같이 말합니다.

"여러분이라고 안 될 이유가 뭐가 있어요? 여러분이 위대한 발명이나 치료법 개발의 주인공이 되지 말란 법은 없잖아요? 모든 행위에는 원인이 있고, 모든 문제에는 해답이 있어요. 열의를 갖고 찾기만 하면 되는 거죠."

오렌지 껍질로
고질적 가뭄을 해결하다

만약 지진이 나서 어딘가에 갇혀 있거나 조난을 당했다고 한번 상상해 볼까요? 그 순간 내게 가장 필요한 건 뭘까요? 바로 '물'입니다. 이런 상황에서는 아무리 많은 돈도, 힙한 옷도 다 필요 없습니다. 그저 내 손에 마실 수 있는 물 한 병만 들려 있으면 감사할 따름입니다. 이처럼 인간의 생존에서 가장 중요한 것이 바로 '물'입니다. 그런데 아프리카에는 물이 부족해서 극심한 고통에 시달리는 사람들이 정말 많습니다. 아프리카는 전쟁과 가난과 독재로 인해 기아와 난민 등 해결해야 할 사회적 문제가 정말 많지만, 그중에서도 '물 부족'은 근본적으로 해결해야 할 가장 시급한 문제입니다.

그런데 2016년, 물 부족을 해결할 멋진 아이디어를 세상에 내놓은 소녀가 있습니다. 바로 남아프리카공화국에 사는 열여섯 살, 키아라 니르긴^{Kiara Nirghin}입니다.

남아프리카공화국은 극심한 가뭄으로 전 국토의 대부분이 피폐해지고 수백만 가구가 물 부족으로 고통을 겪고 있습니다. 물이 부족하니 사람들은 일상생활이 불편한 것은 물론이고 농사를 짓는 것도 무척이나 힘들었습니다. 그래도 농사를 지어야 먹고살 수 있으니 농부들은 가뭄 때문에 농업용수를 확보하느라 큰 비용이 들었습니다. 정부 또한 농업이 국민의 삶에서 중요한 산업이기에 작물 피해를 최소화하기 위해 농업용수를 위한 지원금을 보조해 주긴 했지만 이는 근본적인 해결책이 될 수 없었죠. 많은 사람이 고생하고 힘들어하는 것을 지켜보던 키아라는 마음이 아팠습니다.

'어떻게 하면 가뭄으로 인한 사람들의 피해를 최소화할 수 있을까?'

이 질문이 발명의 시작이었습니다. 평소 과학에 관심이 많았던 키아라는 가뭄으로 인한 물 부족 문제를 해결하기 위해선 토양 내에서 오랫동안 물을 잘 저장할 수 있는 제품이 필요하다고 생각했습니다. 저장을 잘하려면 많은 양의 물 무게를 잘 지탱할 수 있는 특수 소재가 필요했습니다. 하지만 기존 소재는 인공적인 화학 물질로 인체에 해로운 데다가 생물학적으로도 잘 분해되지 않아 더 큰 문제를 일으킬 수도 있었습니다. 무엇보다 가격이 너무 비싸 농부들이 쉽게 구할 수 없었습니다. 키아라는 이 문제를 끊임없이 고민했습니다.

'어떻게 하면 해롭지 않으면서 오랫동안 물을 잘 저장하고 가격도 저렴한 장치를 만들 수 있을까?'

그렇게 깊은 고민과 연구 끝에 오렌지 껍질과 아보카도 껍질에서 자신의 무게보다 수백 배의 수분을 흡수할 수 있는 합성물질인 '고흡수성 폴리^{SAP, Super Absorbent Polymer}'를 추출해 냈습니다. 이 수지를 흙에 섞어 주면 작물에 수분이 지속적으로 공급되어 가뭄으로 인한 피해가 크게 줄어듭니다.

키아라가 발명한 제품은 친환경적이면서도 무척 저렴했습니다. 또 중량비 100배까지 물을 흡수할 수 있어 물 사용량을 확연히 줄여 주었습니다. 또한, 과일 껍질을 재활용한 것이라 쓰레기까지 줄일 수 있어 일석이조입니다. 키아라는 이 고흡수성 폴리머를 발명하기까지 많은 시행착오를 겪었습니다. 하지만 포기하지 않고 도전한 결과, 가뭄을 해소할 수 있는 이 제품을 발명하게 되었지요.

오렌지 껍질로 수분 저장 장치를 만든 키아라 니르긴

키아라는 이 발명품으로 2016년 '구글 사이언스 페어^{Google Science} ^{Fair}'에서 최우수상을 받았습니다. 구글 사이언스 페어는 전 세계 만 13~18세 사이 학생들을 대상으로 하는 과학 경시대회로, 다소 실패의 위험이 있더라도 세상을 바꿀 가능성이 있는 야심 찬 아이디어를 공모하는 사람에게 상을 수여합니다. 상금과 부상도 어머어마합니다. 하지만 이보다 더 좋은 것은 실제로 이 제품이 상용화될 수 있도록 구글의 지원을 받는다는 거예요. 키아라는 구글의 지원을 받아 이 발명품이 실제 아프리카에서 농부들에게 쓰일 수 있도록 연구를 계속할 수 있었습니다.

자연재해는 사실 인간이 해결하기에 결코 쉬운 문제가 아닙니다. 그런데 이 어린 소녀는 자신을 둘러싼 공동체의 문제를 외면하지 않았습니다. 내가 살고 있는 지역의 문제는 곧 내 문제라고 여긴 것이지요. 이제 키아라는 여기서 멈추지 않고 앞으로 더 나아가려고 합니다. 아직은 막연하지만 의료나 공학 분야를 공부해 더 나은 인류의 삶을 만들고 싶다고 합니다.

유방암을 예방하는
스마트 브래지어를 만들다

2017년 멕시코의 열여덟 살 소년 홀리안 리오스 칸투Julian Rios Cantu는 유방암을 예방하는 스마트 브래지어를 발명합니다. 여성을 위한 브래지어를 만들겠다는 꿈은 언제 어떻게 생겼을까요?

홀리안의 엄마는 그가 열세 살 때 유방암 말기 진단을 받아 세상을 떠났습니다. 어린 나이에 엄마가 고통스럽게 암 투병하는 모습을 지켜보는 것은 무척이나 큰 아픔이자 슬픔이었습니다. 처음에 홀리안의 엄마가 건강검진을 할 때만 하더라도 의사는 쌀한 톨만 한 크기의 종양이 악성은 아니니 괜찮다고 했습니다. 그런데 6개월 만에 그 종양은 골프공만 하게 커져, 엄마는 양쪽 유방을 다 잘라냈음에도 불구하고 결국 의사의 오진으로 세상을 떠났습니다. 어린 홀리안은 예고도 없이 갑작스럽게 세상을 떠난 엄마가 늘 그리웠습니다.

어린 나이에 엄마를 잃어 큰 충격을 받았던 그는 인터넷 검색을 통해 유방암이 여성에게 흔하게 발생하는 암이며, 전 세계 많은 여성들이 유방암으로 사망하는 것을 알게 됩니다. 무엇보다 홀리안이 가슴 아프게 공감했던 부분은 바로 환자 대부분이 사망 직전에 가서야 비로소 병을 발견한다는 것입니다. 홀리안은 엄마의 사망 후 이런 고민을 하기 시작했습니다.

'어떻게 하면 유방암을 누구든 쉽게 일찍 발견해 초기에 치료할 수 있을까?'

그는 자신의 상처와 아픔을 다른 누군가가 겪지 않게 돕고 싶었습니다. 그리고 '유방암 진단 브래지어'를 만들겠다는 아이디어를 떠올렸습니다. 이를 실행에 옮기기 위해 전문 교수에게 메일을 보내 질문했지만 제대로 된 답변을 받을 수 없었습니다. 또 주변 친구들에게는 변태로 몰려 놀림을 당하기도 했습니다. 하지만 홀리안은 포기하지 않고 친구들과 팀을 꾸려 노력한 끝에 2017년 드디어 'EVA브라'를 발명합니다. 홀리안과 친구들은 이 스마트 브래지어로 국제학생기업가상Global Student Entrepreneur Awards에서 우승까지 거머쥐었습니다.

'EVA브라'는 브래지어에 200개의 바이오센서를 부착해 유방의 온도나 모양, 무게와 혈류 변화 등을 감지한 후 이를 송수신하는 것이 가능합니다. 만약 가슴에 종양이 생기면 혈관 내 혈류량이 증가해 모양이 비정상적으로 변합니다. 이때 생겨난 데이터는 의료진에게 전달됩니다. 일주일에 한 번 1시간 정도만 착용하면 센서가 데이터를 기록하고 애플리케이션이 이를 분석합니다. 누구나 집에서 간단하게 유방암을 초기에 진단할 수 있도록 편리하게 만들어진 것입니다.

누구도 홀리안과 친구들이 전 세계 여성들의 건강을 지켜줄 멋진 작품을 만들 것이라고 예상하지 못했습니다. 하지만 이들은 모든 부정적인 시선을 물리치고, 이 제품을 세상에 내놓고자 무수히 많은 연구와 실험을 했습니다. 탁월한 의료 공학적 지식과 기술도 모자라고, 제품을 만들도록 도와줄 어른들과 재정도 부족했지만 집념과 끈기로 이 땅에 유방암으로 고생할 여성들을 생각하며 이 브래지어를 만들었습니다. 이후 멕시코 대통령까지 나서서 이들을 응원했고, 많은 세계적인 대기업들이 홀리안과 친구들에게 함께 일하자는 러브콜을 보내왔습니다. 하지만 홀리안은 모든 제안을 거절하고 스타트업(설립한 지 오래되지 않은 신생 벤처기업으로, 미국 실리콘밸리에서 처음 사용된 용어)을 세워 인류의 건강에 도움이 되는 발명품을 만들겠다는 더 큰 꿈을 향해 한 걸음 한 걸음 나아가고 있습니다.

장난감 레고로 시각장애인용 점자 프린터를 만들다

'시각장애인에게 기부하세요!'

2013년 12월 크리스마스로 모두가 들떠 있을 때 미국 실리콘 밸리에 사는 열세 살 소년 슈브함 바네르제Shubham Banerjee는 우연히 기부 광고를 보다가 호기심이 생겼습니다.

'시각장애인은 저 글을 어떻게 읽지?'

이 간단한 질문에서 시각장애인을 위한 레고 점자 프린터가 만들어졌습니다. 궁금함을 해결하기 위해 바로 검색해 본 슈브함은 시각장애인용 점자 프린터가 200만 원이 넘는다는 사실에 깜짝 놀랐습니다. 이렇게 비싼 줄은 몰랐던 거죠. 전 세계에는 2012년 기준으로 약 2억 8,500만 명의 시각장애인이 있습니다. 그런데 이 중 90퍼센트는 가난한 개발도상국에 사는 사람들이라고 합니다. 하지만 시각장애인용 점자 프린터가 일반 프린터의 20배가 넘는 가격이니 개발도상국에 사는 대부분의 시각장애인은 이 프린터기를 사용하기 어렵습니다. 이때부터 슈브함 바네르제는 가난한 사람들도 점자 프린터를 싼값에 구입할 수 있도록 제작하고 공급하겠다는 비전을 품습니다.

그런데 이 비싼 점자 프린터를 어떻게 싼값에 제작할 수 있을까요? 슈브함은 자료를 찾고 주변 어른들에게 하드웨어와 소프트웨어에 관한 정보를 얻으며 연구에 들어갑니다. 그러던 찰나 그의 눈에 바닥에 굴러다니는 레고가 들어왔습니다. 하찮아 보이는 레고 블록을 보며 번뜩이는 아이디어를 떠올렸죠. 슈브함은 레고 로봇 제작용 키트 '마인드스톰 EV3'을 사용해 3주 동안 로봇을 만들고 부수기를 일곱 차례 반복한 끝에 점자 프린터를 만드는 데 성공합니다. 그리고 곧바로 학교 과학경진대회에 이 시각장애인용 점자 프린터를 출품해 대상을 받습니다. 슈브함은 점자를 뜻하는 '브라유Braille'와 '레고Lego'를 합쳐 자신이 만든 점자 프린터에 '브레이고Braigo'라는 이름을 붙였습니다.

슈브함은 과학경진대회로 만족하지 않고 부모님께 3만 5천 달러(약 4천만 원)를 지원받아 아예 '브레이고 랩스'란 회사를 세웁니다. 그리고 몇 주 후 세계적 기업 인텔로부터 수십만 달러에 달

레고 블록으로 점자 프린터를 만드는 슈브함

하는 거액을 투자받기에 이릅니다. 대기업의 든든한 지원을 받은 슈브함은 휴대할 수 있고, 와이파이와 블루투스로 문자도 입력할 수 있는 사이트와 연동하는 기술까지 개발했습니다. 이 점자 프린터가 상용화되면 기존 점자 프린터 가격의 4분의 1인 약 35~50만 원 밑으로 가격이 내려갑니다. 또 훨씬 가벼워 휴대하기도 편리합니다. 시각장애인들이 경제적 부담 없이 점자 프린터를 사용할 수 있을 것 같습니다.

슈브함은 이런 노력과 결실을 인정받아 2014년 영국의 권위 있는 제품 평가 전문지 《트러스티드 리뷰Trusted Review》의 '2014년 기술 혁신상'과 도메인 등록소인 노미넷Nominet의 '선한 기술상'을 수상합니다. 만약 슈브함 바네르제가 돈을 벌기 위한 목적으로 창업한 것이라면 굳이 200만 원에 비해 훨씬 낮은 35만 원이라는 가격을 책정할 필요는 없었을 거예요. 100만 원만 해도 사람들은 이 제품을 살 것이기에 기존의 프린터보다 약간 더 싼 가격으로 판다면 어린 나이에 많은 돈을 손에 쥘 수 있었을 것입니다. 그러나 그는 그 길을 단호히 거부했습니다. 그의 꿈은 최연소 창업가로 널리 인정받아 유명해지고 돈을 많이 버는 게 아닌, 많은 시각 장애인이 저렴한 가격으로 점자 프린터의 혜택을 누리게 하는 것이니까요. 그는 시각장애인에게만 희망을 선사한 것이 아니라 이 세상을 선한 영향력으로 더욱 밝게 빛내고 있습니다.

골프 장갑으로
수화 통역기를 발명하다

패스트푸드점에서 친구와 함께 햄버거를 먹던 열일곱 살 소년 라이언 패터슨^{Ryan Patterson}은 우연히 청각장애인과 수화 통역자가 힘겹게 햄버거를 주문하는 모습을 목격했습니다. 말 몇 마디로 간편하게 주문하는 보통 사람들과 달리, 청각장애인이었던 손님은 수화 통역자의 도움을 받아 힘겹게 겨우 햄버거 주문을 마칠 수 있었습니다. 이를 보고 안타까운 마음이 들었던 라이언은 불현듯 이런 생각이 들었습니다.

'청각장애인도 수화 통역자 없이 자유롭게 다니면서 자기 생각을 마음껏 말할 수 있다면 얼마나 편할까? 전지 통역기가 있으면 어떨까? 그렇다면 청각장애인들이 더 편하게 소통할 수 있지 않을까?'

보통 사람들은 이런 아이디어가 떠오르면 그저 '생각'만 하고 지나갑니다. 그런데 평소 전자공학에 관심이 많았던 라이언은 자신이 직접 수화 통역기를 만들어 보기로 마음먹습니다.

라이언은 초등학교 시절부터 토요일마다 전자공학을 배웠고, 5학년 때부터는 선생님과 한 팀이 되어 각종 로봇대회에 출전해 많은 상을 수여할 만큼 공학에 흥미가 넘쳤습니다. 수화 통역기를 발명하기 전에는 위급한 상황에서 건물을 수색할 수 있는 아주 작은 로봇을 만들어 여러 차례 상을 받기도 했습니다. 그렇다고 라이언이 특별한 천재인 건 아닙니다. 그보다 그의 끈기가 빛을 발했습니다. 라이언은 전자공학 관련 책을 읽다가 어려운 부분이 나오거나 궁금한 점이 있을 때마다 그냥 넘기지 않았습니다. 꼭 선생님께 질문하며 지식을 쌓았습니다. 무엇보다 라이언은 성공하든 실패하든 꾸준했습니다. 노력하는 그 과정을 즐길 뿐인데도 사람들은 그저 결과물만 보고 천재라고 불렀습니다. 라이언은 그저 '꾸준함과 열정'이라는 내공을 어린 시절부터 쌓아왔던 것 뿐입니다.

하지만 수화 통역기는 발명을 많이 해 본 라이언에게도 무척 힘든 도전이었습니다. 우선 귀가 들리지 않는 사람들의 상황과 처지를 이해하며 깊이 공감하는 것이 필요했습니다. 그리고 수화를 배워야 했습니다. 이 과정이 공학적인 지식이나 기술을 습득하는 것보다 더 힘든 작업이었습니다. 그런 다음 기술적인 연구에 들어갔습니다. '어떻게 하면 컴퓨터가 손동작을 잘 인식할 수 있을까?' 몇 날 며칠을 고민하던 라이언은 골프 장갑을 응용해 수화 통역기를 만들기로 했습니다. 그래서 장갑 안에 10개의 센서를 일일이 바느질해서 붙였습니다. 이 통역기는 사용자가 장갑을 낀 채 글자를 만들면 센서가 손의 움직임을 잡아내 컴퓨터에 전송한 뒤 알파벳으로 변환하는 원리로 작동됩니다. 변환기를 통해 전달된 문자는 모니터에 표시돼 수화를 알지 못하는 사람도 청각 장애인과 문제없이 의사소통을 할 수 있습니다. 여기에 드는 장비라고 해봐야 고작 장갑과 작은 스크린이 전부였습니다.

이렇게 2000년에 탄생한 최초의 '수화 통역 장갑'은 세계적으로 주목을 받아 2001년에는 인텔 국제과학 및 공학 경진대회에서 대상을 받았고, 웨스팅하우스 과학기술 대회에서도 우승을 차지했습니다. 이듬해에는 《타임》지가 선정한 '올해의 발명품'이 되었답니다. 라이언은 발명을 위해 매일 3시간 이상씩 연구와 실험을 하고, 필요한 지식을 얻기 위해 고등학교와 대학에서 여러 개의 강좌를 동시에 듣기도 했습니다.

사람들은 라이언이 아인슈타인이나 에디슨 같은 타고난 천재여서 쉽게 성공했다고 말하지만, 라이언은 자신이 잘하고 좋아하는 것을 일찍 발견했고, 그 이후에는 계속 스스로 배우고 시행착오를 겪더라도 직접 부딪혔기에 이런 멋진 성과를 누릴 수 있었습니다. 열정과 끈기, 그리고 성취감도 맛있는 음식처럼 직접 먹어봐야 그 맛이 어떤지 실감할 수 있답니다.

여러분도 오늘부터 나는 어떤 것에 흥미가 있는지 살펴보고, 그 분야에 관해 공부를 시작해 보는 것은 어떨까요? 그 공부가 세상을 변화시키는 영웅의 무기가 될 수도 있으니까요!

나도 '메이커운동' 해 볼까?

세상을 바꾸는 혁신적인 아이디어는 어떻게 탄생하는 걸까요? 새로운 아이디어는 오랜 시간 책상에 앉아 연구한 끝에 나오기도 하지만, 때론 우리가 만난 10대 영웅들처럼 일상에서 찾은 '왜?'라는 질문과 함께 시작되기도 합니다. 그런데 여기서 끝이 아닙니다. 이 아이디어가 세상에 실제로 존재하도록 구체적으로 만들어야 합니다. 이들을 우리는 '메이커maker'라고 부릅니다. 여러분도 메이커가 되어 보는 것은 어떨까요?

전 세계에 불고 있는 '메이커운동'

메이커운동은 활동가들(혹은 창작자, 혁신가, 학습자)이 자신과 주변의 필요needs와 불편함을 스스로 해결하고, 보다 나은 가치로 발전시켜 가는 과정을 함께 즐기고 공유하는 공동의 혁신 활동입니다. 메이커운동은 꼭 어떤 기술과 컴퓨터를 활용하여 발명품을 만들거나 제작하는 활동에 국한되지 않고 변화를 위해 필요한 그 '무엇'을 만드는 개념입니다. (메이커, 메이커운동이라는 용어는 2005년 창간된 《메이크》 잡지를 통해 처음 언급되었으며, 이후 전 세계적으로 통용되었습니다.)

메이키 활동은 누가 할 수 있을까요? 발명에 관심 많은 발명 동아리 친구들만 참여하는 것일까요? 과학과 만들기에 재능이 없는 친구들은 참여가 어려울까요?

영국에 사는 16세 소년 메이슨 와일드^{Mason Wilde}는 친한 친구가 사고를 당해 한쪽 손가락을 잃어버려 힘들어하자 친구를 위해 인공 손가락 보철을 만들어 냈습니다.

의사도 아닌 평범한 10대 소년은 과연 어떤 방법을 사용했을 까요? 바로 3D 프린터랍니다. 이 3D 프린터로 친구의 손가락을 만들어 준 것이죠.

메이슨은 손가락을 잃은 친구가 얼마나 슬퍼하고 힘들어하는 지 옆에서 지켜보면서 마음이 아파 그냥 지나칠 수 없었습니다. 어떻게 하면 친구에게 도움이 될 수 있을까를 고민하던 중 '싱기 버스^{thingiverse}'라는 온라인 커뮤니티를 찾아냅니다. '싱기버스'는 글로벌 3D 프린터 제조사 메이커봇^{MakerBot}이 전 세계 3D 프린터 사용자들을 위해 만든 3D 모델링 공유 온라인 커뮤니티 서비스 입니다. 이곳에서는 초보자들도 3D 프린터를 쉽게 사용할 수 있 도록 다양한 제품 설계도를 공유합니다. 메이슨은 이곳에서 인 공 손가락을 만드는 설계도를 얻을 수 있었습니다. 그리고 동네 공공도서관에 있는 3D 프린터를 활용해 친구의 손가락을 만들 어 줬답니다.

이처럼 메이커는 누구나 될 수 있습니다. 메이커 활동은 소위 말하는 이공계에 적성이 있는 학생만 참여하는 게 아닙니다. 메 이커 활동은 거의 협업을 통해 진행되는 경우가 많아 문과 계통 에 적성이 있는 친구들도 충분히 메이커로 참여할 수 있습니다.

위의 메이슨도 자신이 모르는 분야는 메이커 커뮤니티를 통해 다른 메이커들과 전 세계적으로 소통하면서 정보를 주고받았습니다. 메이커의 중요한 자질이 기술이나 지식보다 바로 공감 능력과 열정, 협업하는 능력이라는 이유가 여기에 있습니다.

공간과 장비를 무제한으로, '메이커 스페이스'

메이커 스페이스는 메이커들이 만들기 활동을 하는 데 필요한 도구를 갖춰 놓은 장소를 말합니다. 3D 프린터, 레이저 커터, 3D 스캐너 등 디지털 제작 도구와 망치, 선반 등 전통적인 작업 도구가 있는 곳입니다. 하지만 이는 단순히 물품을 쓸 수 있는 공간 이상의 개념이 있습니다. 단순히 장비와 도구를 갖춘 장소에서 그치지 않고 무엇인가를 만드는 사람들이 기술과 아이디어와 지식 등을 나누고 서로 힘을 북돋고 교류하며 함께 만든다는 '공유'의 가치가 포함되어 있습니다.

국내에서도 다양한 메이커 스페이스가 운영되고 있습니다. 대부분은 정부와 각 지자체에서 운영하는 곳으로 무료로 공간과 장비를 사용할 수 있습니다. 중소벤처기업부 창업진흥원에서 운영하는 메이크올 홈페이지(http://www.makeall.com)에서 국내 메이커 스페이스, 메이커 관련 행사, 메이커 대회 등 실질적인 정보를 자세히 얻을 수 있습니다.

2장

칠흑 같은 세상,
빛을 쏘다

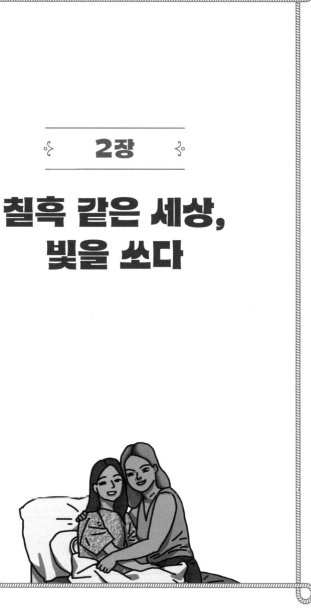

초긍정의 힘으로 입원실을
5성급 호텔로 만들다

클레어 와인랜드Claire Wineland는 태어날 때부터 '낭포
성 섬유증'이라는 희소병을 앓았습니다. 낭포성 섬유증은 유전병
이자 진행성 질환으로 미국에 3만여 명, 전 세계에 7만여 명에게
만 있는 드문 병입니다. 이 병에 걸리면 폐를 비롯한 여러 기관에
탁하고 진득한 점액이 많이 만들어져 세균에 감염되기 쉽습니다.
그래서 폐 내부의 기도가 막히는 것은 물론, 소화 장애, 호흡 부전
등으로 고통을 받습니다.

클레어는 하루에 네 번씩 호흡기 치료를 받았고 항생제를 일평
생 달고 살았습니다. 그녀는 20년간 병원에서 보내면서 30번 넘
는 수술을 견뎌냈습니다. 만약 여러분의 삶이 태어난 순간부터
이렇게 흘러간다면 어떨까요? 대부분은 인생이 굉장히 어둡고
암담하게 느껴질 것입니다.

하지만 클레어는 달랐습니다. 병원을 5성급 호텔로 여기면서 입원실을 예술가의 작업실처럼 꾸며 창의적인 삶을 실천했습니다. 삭막한 병원이 아니라 의료진을 가족처럼 여기며 우정, 사랑, 예술 등이 지배하는 생기 넘치는 공간으로 만들어 갔습니다. 크리스마스가 되면 입이 떡 벌어질 정도로 멋지게 꾸며 사람들을 즐겁게 하기도 하고, 자신처럼 아픈 친구들과 좋은 추억을 만들기 위해 새해맞이 파티를 열기도 했습니다. 맛있는 음식도 정성을 다해 손수 만들어 간호사와 의사 전원이 파티에 참여하기도 했답니다.

이처럼 클레어는 자신의 인생을 담담하게 받아들이면서 매 순간을 자신이 할 수 있는 최선을 다해 창의적으로 살아냅니다. 그리고 이 고난과 역경을 오히려 기회로 여겨 사람들에게 희망을 전했습니다. 인생의 고통을 이겨내는 것이 나 자신은 물론 같은 고통으로 신음하는 다른 사람들까지 행복하게 만들 새로운 기회가 된다고 믿었기 때문입니다.

평생 30번 이상 수술을 받았던 그녀는 열세 살 때 생사의 갈림길에 서기도 했습니다. 16일 동안 혼수상태에서 깨어나지 못한 클레어는 당시 생존 확률이 1퍼센트밖에 되지 않았지만 기적적으로 살아났습니다. 그 후 더 열정적으로 살고자 '클레어가 머문 자리Claire's Place Foundation'라는 재단을 만들어 같은 병에 걸린 어린 친구들이 삶에서 기쁨과 희망을 찾도록 돕고 있습니다.

클레어가 유명해진 계기는 바로 SNS입니다. 클레어는 낭포성 섬유증 환자가 인생을 알차고 행복하게 사는 방법에 대하여 글도 쓰고 동영상도 만들어 올렸습니다. 삶을 압도하는 극심한 고통 속에서도 그녀는 오히려 유머 감각을 발휘해 사람들을 즐겁게 했습니다. 무제한 와이파이와 음식으로 호텔 같은 '특전'을 누리고 있다는 둥 유머 넘치는 '병실 동영상'을 올렸습니다. 그녀의 영상을 보고 있을 전 세계 많은 사람들에게 긍정의 바이러스를 퍼뜨리고 희망을 불어넣은 것이죠. 그녀는 평범하고 소소하지만 일상을 붙드는 삶의 순간들을 감사히 여기면서 오히려 자신을 불쌍히 여기는 사람들에게 희망의 메시지를 던져 세계적인 '유튜브 스타'가 되었습니다. 실제로 그녀의 동영상에는 어마어마한 구독자와 '좋아요'가 달렸습니다.

클레어는 아픈 사람들에게 동정의 눈빛이나 어떤 선입견도 품지 말아 달라고 부탁합니다. 단지 아프다고 해서 그들이 완전하고 행복한 삶을 살 수 없는 것은 아니라고 말하며 오히려 이렇게 제안합니다.

"역경을 오히려 기회로 여기세요."
"치료를 기다리지만 말고 인류에게 봉사를 시작해 보세요."

병실에서 엄마와 행복한 시간을 보내는 클레어

그녀는 동영상과 강연 프로그램을 통해, 고난과 역경이 우리의 인생을 파괴하지 않도록, 그리고 삶의 기쁨을 송두리째 빼앗아가지 않도록 생각을 바꾸자고 말합니다.

클레어는 2018년 9월 3일 스물한 살의 나이에 양쪽 폐 이식 후 합병증으로 죽음을 맞았습니다. 평균 생존 연령이 40세에 불과한 낭포성 섬유증 환자가 조금이라도 더 오래 사는 방법은 폐 2개를 모두 이식하는 수술뿐이라고 합니다.

클레어는 세상을 떠난 후에도 세상에 많은 선물을 남기고 갑니다. 바로 자신의 장기를 기증한 것이지요. 그녀의 오른쪽 신장은 44세의 여성에게 갔고, 왼쪽 신장은 55세의 남성에게 기증되었습니다. 그녀의 각막과 여러 다른 조직도 최대 50명의 환자에게 전해졌습니다. 병과 죽음에 대한 솔직한 이야기로 많은 사람에게 감사와 희망을 불어넣었던 클레어. 그녀는 마지막 숨을 내뱉는 순간, 평생 고집스럽게 자신을 붙들어온 병에게 놀랍게도 이런 말을 건넵니다.

"고마워. 덕분에 정말 멋진 인생을 살았어."

얼음장 같은 바다에서
구멍 난 난민 보트를 구하다

2016년 8월 브라질 올림픽에서 세계 최초로 난민 선수들로만 구성된 '난민대표팀'이 출전했습니다. 전쟁이나 가난 때문에 조국을 떠난 많은 선수가 이 올림픽에 참가해 전 세계에 난민의 현실을 알렸습니다.

이 선수들 중에 수영으로 수십 명의 난민의 목숨을 구한 17세 소녀가 있었습니다. 바로 시리아 출신의 유스라 마르디니^{Yusra Mardini} 입니다.

5년간 지속된 내란과 분쟁으로 사람들은 더 이상 시리아에서 삶을 지속할 수 없었습니다. 민주화를 요구하는 시리아 학생들의 시위가 전국적으로 퍼지면서 정부군은 생화학무기로 국민의 목숨을 앗아갔습니다. 여기에 무슬림 종파 간의 갈등까지 겹치면서 시리아는 생지옥이 됐습니다.

유스라는 친구도 많이 잃었습니다. 그녀의 친구 3명은 수영 훈련을 마치고 집으로 돌아가는 길에 포탄으로 무너진 건물에 깔려 죽었습니다. 밤이고 낮이고 총과 포탄 소리가 끊임없이 들려왔습니다. 유스라도 언제 죽을지 몰랐습니다. 그녀는 항상 자기 전에 기도했습니다.

'내일도 눈을 뜰 수 있게 해 주세요.'

결국 2015년 여름, 유스라는 언니 사라와 함께 난민의 자격으로 독일로 향하기로 결심합니다. 독일은 유럽에서 가장 적극적인 난민 정책을 펼치는 데다 수영 훈련을 계속할 수 있는 좋은 시스템이 갖춰진 나라였습니다. 하지만 독일까지 가려면 이웃 나라인 터키부터 그리스, 마케도니아, 세르비아, 헝가리, 오스트리아까지 6개 이상의 나라를 통과해야 했습니다. 장장 3,200킬로미터가 넘는 거리를 이동해야 하는 위험한 여정이었죠. 그래도 두 자매는 목숨을 거는 용기를 냅니다. 난민이 되어 타국으로 이동한다는 것은 목숨을 건지고자 절박하게 몸만 겨우 빠져나오는 행위입니다.

이후 두 자매는 시리아를 떠나 이웃 국가인 터키의 한 해변에 도착했습니다. 난민들은 배를 타는 것도 쉬운 일이 아니었습니다. 우여곡절 끝에 그리스로 향하는 고무보트에 올랐습니다. 그런데 7인승 보트에 20여 명이나 탄 탓에 배는 출발한 지 30분 만에 엔진이 고장났습니다. 20여 명이 빼곡히 타고 있는 고무보트는 칠흑같이 어두운 밤, 넘실거리는 파도 위에서 언제 어떻게 뒤집힐지 모르는 위기에 몰렸습니다. 망망대해 한가운데서 난민들은 그저 기도만 드릴 뿐 속수무책이었습니다. 설상가상으로 고무보트에 서서히 물이 들어오기 시작했습니다. 사람들은 모두 공포에 사로잡혔습니다.

바로 그때, 수영선수였던 유스라와 언니 사라는 주저할 것 없이 다른 남자 승객 2명과 함께 바다에 뛰어들었습니다. 이들은 거센 물살을 가르고 배를 힘껏 밀어냈습니다. 3시간 반이 지난 후에도 자매와 다른 두 승객은 계속해서 헤엄치며 고무보트를 끌고 나갔습니다. 얼음장같이 차가운 바닷물 속에 3시간 이상 있다 보니 몸은 서서히 마비가 온 것처럼 꽁꽁 얼어붙고 곧 기절할 것처럼 힘들었지만 이들은 배 위에 탄 모든 사람을 구하겠다는 마음 하나로 죽기 살기로 버텨냈습니다. 그리고 마침내 그리스의 레스보스섬에 도착했습니다. 다행히 누구도 다치지 않은 채로요.

고생 끝에 그리스를 거쳐 독일에 도착한 유스라와 사라 자매는 난민 지위를 얻어 독일 베를린에 정착할 수 있었습니다. 그리고 베를린시 수영클럽의 도움으로 훈련을 계속할 수 있었습니다.

유스라는 14세였던 2012년에 시리아 국가대표로 세계선수권

대회에 출전했던 유망주였습니다. 모든 선수가 그러하듯이 유스라 역시 올림픽을 향한 꿈을 항상 가지고 있었습니다. 그런 그녀가 목숨을 잃을 뻔한 고난과 힘든 역경을 이겨내니 마침내 브라질 올림픽에 참가할 수 있는 기회를 얻을 수 있었습니다. 개막식부터 전 세계인들은 난민 팀에 관심을 보이며 응원했습니다. 기자들도 앞다퉈 유스라를 인터뷰했습니다.

"이번 올림픽에서의 제 목표는 메달이 아닙니다. 전 세계로 흩어져 힘겹게 살아가고 있는 난민들을 위해 최선을 다하는 모습을 보여줄 것입니다. 그리고 4년 뒤에는 시리아 국기를 달고 올림픽에 출전하고 싶습니다."

비록 유스라는 메달을 따지는 못했지만 전 세계에 난민을 알리고 사람들에게 살아갈 힘과 희망이 무엇인지 생생히 전해 줬습니다. 또 고난 속에서도 자신을 희생하며 다른 사람들의 목숨을 구한 진정한 영웅이기도 합니다.

올림픽 이후 유스라는 최연소 유엔난민기구 친선대사가 되어 수많은 난민을 위해 목소리를 높여왔습니다. 그녀는 어리지만 세계 지도자들과 교황을 만나 넘치는 열정으로 난민 문제에 관한 관심과 해결을 촉구해 사람들에게 감명을 주었습니다. 그녀는 유엔난민기구 친선대사 활동을 하면서 동시에 도쿄올림픽을 준비

했습니다. 메달을 따지 못하더라도 수영을 통해, 전쟁으로 삶의 의욕과 꿈을 잃은 이들에게 '할 수 있다'는 희망을 주고 싶었다고 합니다.

 "저는 그들을 자랑스럽게 만들 거예요. 모든 난민을 대표해서 고통과 폭풍의 시기가 지나면 평온한 날들이 찾아온다는 것을 보여 주고 싶어요. 난민들이 살아가며 좋은 일을 할 수 있도록 영감을 주고 싶어요."

빨랫줄 전선, 버려진 냉각판으로
바람의 기적을 만들다

2001년, 아프리카 말라위에 사는 열네 살 윌리엄 캄쾀바William Kamkwamba는 창밖에서 몰래 수업을 듣다가 쫓겨났습니다. 윌리엄은 1년 치 학비 80달러를 낼 수 없어 중퇴했기 때문에 더 이상 학교에서 공부할 수 없었습니다. 하지만 크게 창피하거나 우울하지도 않았습니다. 대신 '어떻게 하면 다시 공부할 수 있을까? 어떻게 하면 책을 많이 읽을 수 있을까?' 그 생각만 계속했습니다. 그런 그의 눈앞에서 매서운 황토 바람이 불었습니다. 순간 윌리엄은 생각했습니다.

'저 바람이 전기가 된다면, 저 바람만 잡을 수 있다면, 밤늦게까지 책도 읽고 부모님도 농사를 짓기 편하실 텐데…'

캄쾀바가 살고 있는 말라위는 아프리카 안에서도 최빈국입니다. 오랜 내전과 가뭄으로 인해 대기근이 온 나라를 휩쓸어 옥수수 가격이 폭등하자 국민 대부분이 굶어 죽어갔습니다. 그런데도 부패한 대통령과 정부 관료들은 자신들의 이익만 챙기기 바빴습니다. 말라위 사람들은 굶주림과 말라리아, 콜레라, 에이즈 속에서 힘없이 죽어갔습니다. 이런 곳이다 보니 전 국민의 2퍼센트인 '오직 돈 많은 사람'만이 전기를 쓸 수 있었습니다.

윌리엄이 살고 있는 마을에도 60가구나 사는데 역시 전기가 들어오지 않았습니다. 해가 지면 마을은 온통 칠흑같이 어두웠습니다. 전기가 없으니 밤이 되면 아무것도 할 수 없었습니다. 집안일도 할 수 없고, 책도 못 읽고, 라디오도 듣지 못했습니다. 달빛마저 없으면 모두 하던 일을 멈추고 이를 닦은 뒤 잠자리에 들어야 했습니다. 때로는 저녁 7시에도 잠을 자야 했습니다.

이런 절대 빈곤이 짓누르는 현실에서 말라위 사람들은 아무도 희망이라든지 미래에 관한 이야기를 꺼내지 않았습니다. 아프리카의 답답하고 낙후된 현실과 절대 빈곤 속에서 그저 먹고살기 위해 하루하루를 발버둥 칠 수밖에 없었습니다. 이들에게는 그저 인간다운 생활을 영위할 수 있는 옥수수와 조그마한 전구에서 나오는 한 줄기 빛, 그리고 학교에 다닐 수 있는 학비가 필요했습니다. 이런 암담한 현실에서도 캄쾀바는 매일 마을 도서관에 들러 독서를 게을리하지 않았습니다. 도서관은 그에게 희망의 장소였습니다.

그러던 어느 날 그는 『에너지의 활용 Using Energy』이라는 미국 초등학교 과학 교과서의 표지 그림을 보게 됩니다. 캄쾀바는 처음 보는 이상한 물체에서 눈을 뗄 수가 없었습니다. 그건 바로 '풍차'였습니다. 그 책 속엔 풍차로 전기를 생산하고 물을 퍼 올리는 방법이 그림으로 나와 있었습니다. 윌리엄이 붙잡고 싶었던 그 '바람 전기'를 이 기구가 실현해 주리라는 것을 본능적으로 알게 되었습니다. 물을 퍼 올릴 수 있으면 옥수수밭에 물을 끌어들일 수 있게 되고, 앞으로 가뭄이 와도 농작물을 지켜낼 수 있게 되는 것이죠. 그는 기필코 풍차를 이용해 전기를 만들어 내겠다는 꿈을 품고 모든 열정과 집중력을 다 쏟아붓습니다. 하지만 영어사전을 뒤져가며 책을 읽어도 풍차 설계 방법, 전력 생산 방법 같은 내용은 전혀 나와 있지 않았습니다. 전기 지식도 부족했기에 무수히 많은 시행착오를 겪어야 했습니다. 하지만 풍차는 전기 그 이상의 '자유'와 '희망'을 의미했기에 포기할 수 없었습니다.

그가 의지한 것은 오직 하늘 높이 서 있는 풍차 그림 하나뿐이었습니다. 윌리엄은 풍차 사진이 있다는 것은 풍차가 실제로 있다는 뜻이니 자신도 풍차를 만들 수 있다고 믿었습니다. 그래서 그는 쓰레기장 곳곳을 뒤지며 폐품 속에서 부품들을 구했습니다. 동네 사람들은 폐품 더미를 뒤지는 캄쾀바를 미친 사람이라며 손가락질했습니다. 그래도 포기하지 않았던 그는 마침내 2002년 첫 풍차를 만들어 냅니다.

첫 풍차는 고장 난 자전거에서 떼어낸 바퀴와 체인, 발전기, 어머니가 빨랫줄로 쓰던 전선, 그리고 버려진 녹슨 트랙터에서 떼어낸 냉각팬을 얼키설키 이어 붙여 만든 것이라 볼품은 없었습니다. 이후 캄쾀바는 자기 가족만 전기를 쓰는 것이 아니라 마을 사람들도 함께 쓸 수 있도록 공유했습니다.

캄쾀바가 만들어 낸 풍차 덕분에, 며칠에 한 번씩 물을 대던 옥수수밭과 담배밭에 매일 물을 줄 수 있게 되었습니다. 멀리 물을 구하러 가던 사람들은 이제 여유가 생겨 쉴 수 있게 되었고 다른 일을 할 수도 있었습니다. 땅속 깊은 곳까지 우물을 파서, 맑은 물도 편히 마실 수 있었죠. 심지어 그를 비난하던 사람들도 풍차 덕분에 전등을 켜고 라디오를 들을 수 있게 되자 캄쾀바에게 고마워했습니다.

캄쾀바는 자신도 모르는 사이 놀라운 일을 이루어 냈습니다. 그가 만든 풍차는 단순히 전기를 공급하는 것 이상의 의미를 사람들에게 전해 줬습니다. 밤이 되면 그저 무기력하게 어둠에 지배당할 수밖에 없는 아프리카에 빛과 희망을 선물한 것이었습니다. 캄쾀바 덕분에 물을 긷고 땔감을 주우러 다니던 아이들도 과학에 흥미를 품고 공부하게 되었습니다.

캄쾀바는 가난 때문에 학교를 포기해야 했지만 풍차를 만들어 말라위를 넘어 아프리카의 스타가 되었습니다. 2007년에는 전 세계의 지성이 모이는 TED 국제회의에 초대받아 강연을 펼쳤습니다. 유명한 과학자들과 발명가들 사이에서 중학교를 중퇴한 아프리카 소년은 이렇게 외쳤습니다.

"I tried and I made it(저는 시도했고 결국은 해냈어요)."

청중들은 일어나서 열렬히 환호했고 그에게 박수를 보냈습니다. 강연 후, 세계적인 미디어인 미국의 월스트리트저널이 커버스토리로 캄쾀바를 전 세계에 소개했고, 난생처음 캄쾀바는 비행기를 타고 미국 여행을 가기도 했습니다. 그리고 TED의 지원을 받아 남아프리카공화국에 있는 범아프리카 지도자양성코스인 아프리카지도자학교Africa Leadership Academy에 다니게 됩니다. 더 큰 사명을 가진 캄쾀바는 이제는 아프리카 사회를 변화시키고자 노력 중입니다.

캄쾀바는 강대국의 도움을 받아 순간만 모면하는 임시방편적인 해결이 아니라, "아프리카는 아프리카인의 손으로African Solutions to African Problems"라는 신념으로 아프리카에 제대로 된 풍력발전소를 만들고자 하는 비전을 실현해 나가고 있습니다. 그 일환으로 그는 벤처캐피털의 지원을 받아 미국 명문대인 다트머스 대학교에

자신이 만든 풍차 앞에서 행복한 캄쾀바

서 환경학을 전공합니다. 현재는 아프리카를 비롯한 저개발국 주
민들의 자립을 돕고 아프리카의 현실을 개선하기 위해 많은 노력
을 하고 있습니다.

　암담한 현실 속에서도 절대 굴복하지 않고 희망을 전한 캄쾀바
의 스토리는 책과 영화로도 만들어졌습니다. 캄쾀바가 암담한 현
실을 이겨 낼 수 있었던 건 그에게 큰 무기가 있었기 때문입니다.
그 무기는 다름 아닌 바로 '상상력과 창의력'이었습니다. 상상력
과 창의력은 실제로 큰 에너지가 되어 한 사람과 사회를 바꾸는
위대한 무기가 될 수 있습니다.

인생을 타고 넘는
소울 서퍼가 되다

하와이 카우와이섬에서 나고 자란 베서니 해밀턴 Bethany Hamilton은 걸음마를 떼기도 전에 서핑을 시작했습니다. 베서니는 '서핑 DNA'를 타고났는지 네 살 때 참가한 첫 대회에서 우승을 차지했고, 일곱 살 때 출전한 서핑대회에서도 단거리와 장거리 모두 1등을 차지했습니다. 그 후에도 많은 대회에 나가 큰 상을 여러 번 받았습니다. 이미 아홉 살 때 프로 선수들처럼 서핑보드 회사의 후원을 받을 정도였으니까요.

서핑을 가장 잘하고 좋아했던 베서니는 프로 서퍼가 되겠다는 큰 꿈을 품었습니다. 베서니는 삶이 더할 나위 없이 행복하고 감사했습니다. 부모님 역시 서핑을 즐겨 하셔서 적극적인 지지와 후원이 있었고, 서핑하기 좋은 최고의 환경인 하와이에서 거주한 덕에 실력도 계속 인정받으니 더 이상 바랄 게 없었답니다.

그러나 장밋빛 미래가 창창하게 펼쳐질 것만 같았던 베서니의 13년 인생은 2003년 10월 31일 큰 시련을 만나게 됩니다. 그날도 베서니는 너무나도 익숙한 해변에서 서핑을 즐기며 파도를 헤쳐나가던 중이었습니다. 그때 거대한 뱀상어가 그녀를 공격했습니다.

"친구와 서핑을 하고 있었는데, 회색 물체가 번쩍하더니 갑자기 몸에서 통증이 느껴졌어요. 아래를 내려다봤더니 바닷물이 붉었고, 왼팔과 보드 일부가 없었어요. 4미터짜리 뱀상어한테 공격을 당한 거죠."

베서니는 당시를 이렇게 회상합니다. 이때 그녀의 몸에서는 피가 60퍼센트나 빠져나갔고 왼쪽 어깨 바로 아래로 팔이 잘려나갔습니다. 의사는 베서니가 보통 사람과 같은 신체였다면 분명 사망했을 거라고 합니다. 운동으로 다져진 몸이기에 그나마 버틴 것이라고 했습니다.

베서니는 그저 살아 있는 것만으로도 기적을 경험한 것입니다. 의사는 재활 치료로 한쪽 팔을 잃은 육체의 어려움을 극복하는 것은 가능하겠지만 상어의 공격으로 인한 정신적, 심리적 충격은 극복하기 어려울 것이라고 말했습니다.

수영 실력과 수준 높은 균형 감각이 필요한 서핑에서 한쪽 팔을 잃는 것은 치명적입니다. 여러분이 베서니라면 어떤 기분이었을까요? 자신이 가장 사랑하는 바다에서 이 같은 불행을 당하니 얼마나 세상이 원망스럽고 견디기 힘들었을까요?

인생의 전부였던 서핑으로 인해 몸과 마음 모두가 무너지는 아픔은 이루 말할 수 없는 절망이었을 겁니다. 앞으로 서핑을 할 수 없을 것이라는 두려움과 함께 삶은 어두움으로 가득했을 겁니다. 하지만 베서니는 이 두려움을 용기로 바꿔, 사고 한 달 만에 다시 서핑보드에 올라섰습니다.

그녀는 균형 유지를 위해 일반 보드보다 길고 두껍고, 한 손으로도 패들링을 할 수 있도록 핸들을 장착한 특수 보드를 타고 훈련에 들어갑니다. 그녀는 사고 난 지 약 3개월 후인 2004년 1월부터 대회에 출전했습니다. 하지만 그 대회에서 서핑보드는 처절하게 부서져 중도에 경기를 포기하고 맙니다. 또다시 그녀는 절망에 빠집니다. 그리고 깊은 슬럼프가 찾아오죠.

당시 그녀는 쓰나미가 발생한 태국 푸켓에 봉사활동을 하러 갔습니다. 베서니는 인간을 압도하는 자연재해 현장에서 집과 가족을 잃었음에도 좌절하지 않고 다시 일어난 사람들을 만나면서 많은 것을 깨닫습니다. 단지 살아 있다는 그 자체만으로도 커다란 축복임을 깊이 실감하고 감사하게 되었습니다. 그렇게 살아갈 힘을 얻은 그녀는 다시 서핑보드에 오릅니다. 끊임없이 넘어지고 물속으로 곤두박질치면서도 포기하지 않은 그녀는 마침내 2004

한쪽 팔로 멋지게 서핑을 하는 베서니

년 전국 서핑 챔피언십에서 5등을 하고 하와이 전국 서핑대회에서는 여성부 1등을 했습니다. 그 후에도 계속 여러 대회를 도전한 결과 2005년 미국 학생 서핑대회에서도 1위를 차지하고, 이어 2009 프로서핑협회(ASP) 주최 세계 대회에서 2위를 차지합니다. 그리고 스물여섯 살인 2016년에 월드서프리그(WSL) 여자프로대회에서 전 세계 챔피언과 현 세계랭킹 1위 선수를 꺾고 3위에 오르는 인간 승리를 이뤄냅니다.

베서니의 스토리는 많은 사람에게 알려졌고, 미국의 유명한 방송사와 신문, 잡지시에시 앞나뤄 베서니의 감동 실화를 다뤘습니다. 한 유명한 방송 프로그램에 나간 그녀는 이렇게 말했습니다.

"저는 하루에도 엄청나게 많은 편지를 받아요. 인생에서 정말 어렵고 힘든 시기를 겪는 사람들이 제가 서핑을 포기하지 않고 다시 도전하는 모습을 보며 자신도 큰 힘을 얻는다는 내용이에요."

사람들은 예상치 못한 고난을 마주해도 당당하게 일어선 베서니의 모습에서 큰 힘을 얻었습니다. 무엇보다 사람들은 베서니를 통해 '과연 인간의 의지와 정신력은 어디까지인가?'를 생각하게 되었습니다. 이후 그녀는 『소울 서퍼Soul Surfer』라는 책을 썼고, 이 책은 영화로도 제작되어 개봉했습니다. 그리고 '프렌즈 오브 베서니' 재단을 설립해 장애 청소년을 돕고 있습니다.

베서니는 사고가 나기 전엔 그저 몸으로 서핑을 했다고 합니다. 하지만 이제 그녀는 몸이 아니라 강인한 의지와 서핑에 대한 진정한 사랑과 영혼으로 파도를 탄다고 합니다.

그녀는 말합니다. 인생은 서핑과 같다고. 서퍼는 파도가 부서지는 곳에 빠지면 곧바로 다시 올라와야 합니다. 우리가 사는 실제 인생도 이와 같답니다. 물에 빠졌다고 자포자기하면 그대로 휩쓸려 가버리듯 절망에서 허우적거리기만 하면 불행한 채로 삶을 마감할 수밖에 없습니다.

여러분! 꼭 기억하세요. 파도 너머에서 무엇을 만날지는 모르지만 그래도 삶을 기대하고 다시 살아갈 희망으로 한 걸음을 내딛는 사람이 진정한 영웅입니다

쓰레기 산에서
빛의 재료를 만들다

전 세계에서 다이아몬드가 가장 많이 생산되는 나라는 어디일까요? 바로 아프리카 대륙에 있는 시에라리온^{Sierra Leone}입니다. 시에라리온은 다이아몬드뿐만 아니라 철, 보크사이트와 같은 천연자원이 풍부한 나라이기도 합니다. 그렇다면 아프리카에서 가장 가난한 나라는 어디일까요? 역시 시에라리온입니다. 세계 최대의 천연자원 보유국은 어쩌다가 가장 가난한 나라가 되었을까요? 바로 '다이아몬드' 때문입니다. 이 빛나는 탄소 덩어리를 차지하려는 군부독재로 인해 내전이 10년 넘게 계속됐고, 주변국은 호시탐탐 시에라리온을 노리고 있지요. 그래서 전체 인구 450만 명 중 35만 명이 사상했고, 150만 명이 난민으로 전락했습니다. 시에라리온은 내전으로 4천 명이 다쳐 인구 대비 장애인 수는 세계 최고를 기록했고, 2016년 WHO(세계보건기구) 조사 기준 평균 수명 35세로 전 세계에서 평균 수명이 가장 짧은 나라이 기도 합니다. 아이러니하게도 다이아몬드는 축복이 아니라 저주 였던 셈이지요.

시에라리온이 얼마나 가난하고 열악하냐면, 수도권 전력 공급 률이 13퍼센트 미만으로 전기가 일주일에 한 번밖에 들어오지 않 을 정도입니다. 심지어 지방은 공급되는 전력이 단 1퍼센트뿐이 라고 해요. 전기가 없는 불편함은 상상을 초월합니다. 해가 지면 공부도, 일도, 아무것도 할 수 없으니까요. 가난과 어둠 속에 갇 혀 아무 희망도 찾지 못하는 사람들 속에서 열 살 소년 켈빈 도우 Kelvin Doe는 생각합니다.

'빛을 만들자!'

하지만 켈빈은 전자공학은 물론 고등교육조차 제대로 받아본 적이 없었습니다. 그저 몇 권의 낡은 과학책 말고는 가진 것이 아 무것도 없었죠. 그나마 무언가 나올 수 있는 곳은 악취로 뒤덮인 쓰레기 산뿐이었습니다. 그래서 켈빈은 매일 쓰레기를 뒤졌습니 다. 아무런 지식도 없고 좋은 재료도 없는 상황에서 배터리를 만 드는 것은 무척 힘들고 외로운 작업이었습니다. 하지만 포기하지 않고 수많은 시행착오 끝에 마침내 그는 스스로 전력을 공급하는 자체 배터리를 만들게 됩니다. 이 배터리의 재료로 쓰인 산, 소다, 금속은 모두 '쓰레기 산에서 나온 것'이었습니다. 켈빈은 쓰레기 더미 속에서 보석을 찾아 전기를 만들어 빛이 들어오게 한 것입니다.

열네 살이 된 켈빈은 여기서 멈추지 않고 더 큰 도전을 시작했습니다. 그는 또 쓰레기장에서 망가진 마이크, 낡은 CD 플레이어, 스피커 등 고철 조각을 잔뜩 주워왔습니다. 이 폐자재로 음향 증폭기·마이크 송신기 등 전자 전송장치와 전원설비를 자체적으로 만들고, 자신을 'DJ 포커스Focus'라 칭하며 FM 라디오 방송을 시작했습니다. 켈빈 홀로 문을 연 '1인 방송국'이었죠.

켈빈이 사는 지역은 워낙 변두리인지라 정규 방송을 듣기가 하늘의 별 따기였습니다. 다행히 전기가 부족한 마을이었지만 소형 라디오 한 대씩은 가지고 있었습니다. 라디오야말로 시에라리온의 이 작은 마을에서는 세상 돌아가는 이야기를 들을 수 있는 유일한 수단이었어요. 켈빈은 이 방송을 통해 마을 주민들이 정보를 얻고 세상과 소통하도록 돕고 싶었어요. 특히 자연재해, 내전, 전염병과 같은 소식들이야말로 이 지역에서는 생존을 좌지우지하는 중요한 정보였으니까요.

켈빈이 라디오 방송국을 만든다고 했을 때 주변에서는 걱정을 하기도 하고 비웃기도 했습니다. 하지만 켈빈은 무수히 많은 시행착오 끝에 드디어 마이크부터 앰프, 전기를 공급할 배터리까지 만들며 진짜 라디오 방송국을 차렸습니다. 첫 방송을 시작할 때는 과연 자신의 목소리가 주파수를 타고 라디오를 통해 사람들에게 전달될 수 있을지 걱정되는 무척 긴장되는 순간이었습니다.

"지직, 지지직- 아, 아, 안녕하세요. 저는 DJ 포커스입니다."

마을 곳곳에서 큰 환호성이 들려왔습니다.

켈빈의 방송국은 에볼라 바이러스가 아프리카 전역을 덮쳤을 때 진가를 발휘했습니다. 에볼라 바이러스 예방법은 물론, 전염병 확산 방지를 위해 학생들이 학교에 가지 못하자 라디오를 통해 교육 과정을 제공했답니다. 마치 우리나라의 EBS 교육방송처럼 교과목 선생님들이 출연해 수업을 하는 '라디오 학교'가 된 것이죠. 오전엔 초등과정, 오후엔 중등과정, 이렇게 나름의 커리큘럼을 짜고 숙제까지 내줬기에 정규 교육이나 다름없었답니다. 여기에 중간중간 즐거운 이야기와 음악까지 더해져 아이들에게 켈빈 라디오는 그야말로 인기 만점이었습니다.

시에라리온의 주 매체는 TV가 아닌 라디오였기에 DJ 포커스는 더욱 유명해졌고 파급력이 엄청났습니다. 결국 켈빈의 방송국은 시에라리온 학생 발명 대회에서 상을 받았고 켈빈은 더 큰 용기와 자신감을 얻었습니다.

이후 기적 같은 일들이 펼쳐졌습니다. 세계 최고의 대학 중 하나인 미국 MIT(매사추세츠 공과대학교)에서 켈빈을 초청하겠다는 연락이 온 것입니다. 그래서 그는 MIT 프로그램 사상 최연소인 15세 나이로 '객원 연구원' 자격을 얻어 연구에 참여하게 됩니다. 쓰레기장에서 폐품들로만 연구하던 켈빈은 세계 최고의 공과대학의 최첨단 고급 장비들이 갖춰진 연구실에서 연구하게 되었습니다. 또 세계에서 똑똑한 사람들만 모두 모였다는 하버드 대학교에서 강연을 하기도 하고, 오바마 전 대통령, 힐러리 전 국무장관과 만나서 대담하는 시간을 갖기도 했습니다. 미국에 있는 동안 켈빈은 무척 행복하기도 했지만, 아프리카에 대한 무거운 책임감을 동시에 느꼈습니다. 결국 켈빈은 조국인 시에라리온으로 돌아옵니다. 사실 마음만 먹는다면 미국에서 유학하며 더 오래 편하게 지낼 수도 있었습니다. 그러나 켈빈은 시에라리온으로 돌아와 아프리카의 젊은 발명가로서 사명을 다하고 싶었습니다.

시에라리온이 에볼라 위기를 겪는 가운데서도 그는 고등학교 과정을 공부하면서 'K-Doe Tech'라는 이름의 회사 겸 연구소를 차렸습니다. 이 단체는 단순히 돈을 벌기 위해 만든 회사가 아니었습니다. 가난하고 열악한 시에라리온 젊은이들에게 공부할 기회를 주려고 만든 회사입니다. 이 회사는 꾸준히 성장하여 캐나다의 한 전력회사와 10만 달러 규모의 연구 및 사업 계약을 맺기도 했습니다. 켈빈은 이제 전기가 부족한 아프리카 사람들을 위해 '신발에 부착하는 배터리 충전기'를 만드는 중입니다. 이는 걷기를 통해 휴대전화나 가정에 무료로 전기를 공급할 수 있는 장치입니다.

켈빈은 전 세계에서 가장 가난한 나라인 시에라리온 빈민촌에서 태어났습니다. 그리고 아버지에게까지 버림받아 배다른 형제들과 함께 홀어머니 밑에서 자랐습니다. 한없이 절망적이고 불우하고 어두운 환경에서 살았음에도 불구하고 그는 환경을 탓하면서 좌절하거나 방탕한 삶을 살지 않았습니다.

칠흑같이 어두운 곳에서도 그를 일으킨 건 바로 한 줄기 빛과 같은 '꿈'이었습니다. 그 꿈은 다름 아닌 시에라리온 국민 전체가 더 나은 삶을 살도록 돕는 과학자가 되는 것입니다. 그는 말합니다.

"우리나라를, 그리고 우리 국민을 사랑합니다."

아무리 더러운 쓰레기 더미 속에서라 해도 다이아몬드는 빛을 발하는 것처럼, 그는 시에라리온의 살아 있는 다이아몬드가 될 것입니다.

행운의 편지처럼 무한 전달되는 긍정 바이러스

영어에는 이런 속담이 있답니다.

"삶이 시어빠진 레몬을 준다면, 그것으로 레모네이드를 만들어라."

우리는 앞에서 이 속담처럼 삶을 살아가는 영웅들을 만났습니다. 이들은 질병, 가난, 사고 등 큰 고난과 역경을 만났지만 절대 무너지지 않았습니다. 고난과 역경은 누구에게나 일어나는 삶의 이벤트랍니다. 그런데 그 문제에 어떻게 '반응'할지는 오로지 나의 몫입니다. 앞의 친구들은 '극복'을 선택했고, 고난을 만나기 전보다 더 멋지게 성장하고 열매를 맺어 사람들에게 희망을 전했습니다.

어떻게 하면 이들처럼 고난과 역경을 만나도 잘 이겨낼 수 있을까요? 이 힘은 갑자기 하늘에서 뚝 떨어지는 게 아니라, '내공'이 있어야 한답니다. 그 '내공'을 키우기 위해서는 평소 내 마음을 잘 돌보는 게 중요해요. 특히 여러분처럼 하루 종일 학교에서 시험 성적으로 스트레스를 받으며, 오로지 스마트폰과 게임에만 몰두하는 청소년 시기에는 더욱 그렇죠.

희망을 전하는 영웅이 되는 것은 어렵지 않답니다. 먼저 나의 마음을 돌보세요. 살이 찌고 여드름이 많이 나서 울긋불긋해도, 공부가 어렵고 앞으로 하고 싶은 게 없어도 괜찮아요. 나를 토닥일 수 있는 건 나 자신뿐이랍니다. 그러면서 내 주변에 긍정 바이러스를 퍼뜨려 보세요. 잊지 마세요. 이 사소해 보이지만 의미 있는 행동 하나하나가 쌓여 영웅의 싹을 틔운다는 것을.

1. 사소한 일에도 감사해 보세요.

어떤 일이든 고마운 마음을 가지는 것이 긍정의 시작이에요. 눈을 감고 심호흡을 깊게 한 뒤 감사 일기를 써 보세요.

> **예** 영어 수행평가를 같이하는 조원들이 모두 다 열심히 참여해서 감사합니다. 오늘은 미세먼지 수치가 낮고 파란 하늘이 펼쳐져 감사합니다.

2. 긍정 바이러스를 퍼뜨려 보세요.

SNS에 긍정의 메시지를 한번 올려 보세요. 아니면 주변 사람들에게 힘이 되는 말을 건네 보세요. 어느 순간 정말 그렇게 긍정적으로 변한 나를 발견하게 된답니다.

3. 좋은 일을 베풀어 보세요.

영화 〈아름다운 세상을 위하여〉를 보면, 주인공 열한 살 소년 트레버가 독특한 숙제를 하는 모습이 펼쳐집니다. 바로 '선행 베풀기(Pay it forward)'로 세 명의 사람에게 도움을 주는 것입니다. 도움을 받은 사람들이 또 다른 세 명을 돕고, 또 각각이 세 명에게 도움을 주고 그러다 보니 도미노처럼 도움이 이어집니다. 실제로 영화에서 아이디어를 얻어 '오늘 선행 베풀기'라는 재단을 설립한 어린이도 있습니다. 여러분도 오늘 주변에 친절과 배려를 펼쳐 보면 어떨까요?

> 예 교내 식당 급식을 담당하는 영양사님과 아주머님께 커피나 음료를 대접한다. 엄마의 집안일을 돕는다(설거지, 쓰레기 분리수거, 빨래 걷고 개기 등). 평소에 단 한마디도 해 보지 않은 친구에게 말을 걸어 본다.

3장

지구 종말 시계를 연장하다

얼렁뚱땅 웹툰 작가에서
평화 환경 운동가로 성장하다

2007년 미국에 사는 열 살 소년 조너선 리^{Jonathan Lee}는 다른 친구들처럼 평범한 나날을 보내고 있었습니다. 그러던 어느 날 TV에서 충격적인 장면을 보게 됩니다. 빙하가 녹아내리고, 거대한 아마존 밀림이 벌목되고, 인간이 도무지 살 수 없는 누런 황사와 사막이 온 땅을 뒤덮은 장면 하나하나에 조너선은 눈을 뗄 수가 없었습니다. 이 열 살 소년은 삶의 터전이 망가져 가는 모습에 충격을 받고 마음이 아팠습니다. 지구 온난화를 막기 위해서라면 당장 뭐라도 해야 할 것 같은 뜨거움이 가슴에서 올라왔습니다. 동시에 이런 질문도 떠올랐습니다.

'내가 당장 할 수 있는 것은 무엇일까?'

다큐멘터리를 보자마자 조너선은 즉시 컴퓨터를 켰습니다. 그리고 며칠 후 인터넷 홈페이지를 열어 자신이 직접 이야기를 만들고 그리며 제작한 '고 그린맨Go, Green man'의 연재를 시작합니다. 이 동화는 '고 그린맨'과 주인공들이 여러 과학 원리를 활용하여, 환경 파괴를 일삼는 악당 '공해 박사'를 무찌른다는 내용입니다. 태양광 방패와 바람 에너지파, 맑은 산소 펑펑펑 보내기, 공기 방울을 이용한 뽀그르르 파워 발전기, 나무 속에 필터를 넣은 나무 샘물 정수기 등 조너선은 그동안 읽었던 과학책과 인터넷 자료로 내용을 창의적으로 구성했습니다. 비록 투박한 그림에 배경음악을 덧붙이는 정도의 단순한 형태였지만, 두 달 만에 조회 수 10만 건을 넘으며 미국에서 큰 인기를 얻었습니다.

조너선은 겨우 열 살이라는 어린 나이로 환경 문제에 관심을 가지고 환경을 보호하도록 마음을 움직이는 스토리를 창의적으로 만들어 냈습니다. 대부분 또래의 어린이들은 환경을 보호하기 위해 양치할 때 물을 받아 쓴다거나 쓰레기 분리수거를 하는 정도만 실천(물론 이런 일들도 일상에서 정말 중요하고 대단한 것이지요)하는 데 반해, 조너선은 한 단계 더 나아갔습니다. 자신만의 독특한 스토리로 사람들의 마음을 움직이는 '환경 콘텐츠'를 지속적으로 만들어, 시대를 앞선 '콘텐츠 크리에이터' 또는 '과학 커뮤니케이터'가 된 것이죠(국내에서는 『고그린맨 vs 심술통 떼돈 공갈 팍팍써』로 출간).

그는 사이트를 연 뒤에도 지속적으로 지구 온난화를 막고 환경을 보호하자는 이야기를 더 많은 사람에게 전하고 싶었습니다. 이때 조너선의 엄마가 멋진 제안을 합니다.

"국회의원들에게 편지를 보내 보면 어떻겠니?"

조너선은 용기를 내 국회의원들에게 직접 편지를 씁니다. 이뿐만 아니라 전 세계 70개국 대통령 앞으로 '환경 보호에 힘써 달라'는 편지를 보냈습니다. 답장이 오고 안 오고는 중요하지 않았습니다. 중요한 것은 '자신의 신념에 따라 얼마나 최선을 다해 실천하느냐'였으니까요.

그런데 편지를 받고 웹사이트를 방문한 국회의원들에게서 연락이 왔습니다. 더 나아가 조너선은 조지 부시, 버락 오바마, 힐러리 클린턴, 존 매케인 등 유명한 정계 인사들을 직접 만나 지구 환경 문제에 대한 인터뷰까지 나누었습니다. 미 의사당에 직접 소개될 정도로 미국 국회의원들에게 국제적 청소년 환경운동가로 인정을 받았습니다.

미국뿐 아니라 호주와 캐나다 총리에게도 '전 세계 어린이들의 환경 대사'로 불리며 국제적 인정과 지지를 받았습니다. 이 과정은 미국의 유명 신문과 잡지에 그대로 실려 조너선은 정말 유명한 세계의 환경운동가가 되어 우리나라까지 오게 됩니다.

사실 조녀선은 한국인 아버지를 두고 한국에서 태어난 한국인이기도 합니다. 2007년도에 김대중 전 대통령의 초청으로 6·5 남북 공동선언 7주년 행사에 참석해 "북한에 밤나무를 심자"고 제안하기도 하고 우리나라 태안반도에 기름 유출 사고가 일어났을 때 먼 미국에서 직접 날아와 기름 제거 작업에 동참하기도 했습니다.

그저 처음에는 순수하게 다큐멘터리를 보고 환경 동화를 연재했을 뿐인데 조녀선은 2007년 한 해 동안 전 세계를 다니며 어린이 '환경 대사'로서 큰 영향력을 끼치게 되었습니다.

2009년에는 열두 살의 나이로 전 세계 어린이들과 청소년들에게 환경의 소중함을 알리기 위해 세계청소년환경연대(ICEY International Cooperation of Environmental Youth)를 만들어 이끌게 되었습니다. 그는 이 단체와 함께 '어린이 한 명당 1년에 나무 1그루 심기(One Child, One Tree, One Year)'와 'HOPE Help Our Polluted Earth (오염된 지구 돕기)' 캠페인, 패스트푸드점 재활용 캠페인 등을 진행했습니다.

특히 HOPE 운동은 나중에는 영역이 더 넓어져 'Helping out people and Earth'라는 이름으로 바꿔 우리 이웃들과 지구를 돕는 활동을 펼치고 있습니다. 이 활동은 사람들이 더 이상 쓰지 않는 물건을 기부받아 필요한 곳에 다시 기부하거나, 기부받은 물건을 업사이클링(버려지는 제품에 디자인을 더하는 등 그 가치를 높여 새로운 제품으로 재탄생시킴)해 재활용합니다. 이 활동은 환경을 지키는 것은 물론이고 물건이 필요한 이웃에게 큰 도움이 되죠.

또 '푸른 교실 프로젝트'를 진행하면서 학교에 찾아가 환경의 소중함을 알리는 한편, 오염을 막기 위한 재활용 방법을 알려 주고 있습니다. 그래서 어린이와 청소년이 환경운동을 직접 실천하는 '환경친화적인 리더'로 자라도록 교육하고 있습니다. 이외에도 조녀선은 유엔사막화방지협약 총회의 홍보 대사로 임명되어 지구의 사막화 방지를 위한 활동을 하거나, 대한민국을 위해서는 '울릉도 독도 녹색섬 홍보 대사'로 활동하는 등 청소년이라는 사실이 믿기지 않을 만큼 어른들 못지않은 다양한 일들을 수행했습니다.

"전 세계 모든 어린이가 나무를 심으면 10억 그루의 나무가 늘어납니다. 그리고 그 나무가 열매를 맺으면 북한처럼 식량난을 겪는 나라의 어린이들을 도울 수 있어요!"

이렇게 전 세계를 돌아다니며 평화환경운동가로 적극적인 활동을 펼친 조녀선은 '깨끗한' 지구를 넘어 '평화로운' 지구를 만드는 것으로까지 관심과 활동 반경을 넓혔습니다. 무엇보다 한국에 살고 있지 않은데도 불구하고 아버지의 나라이자 자신의 뿌리가 있는 한반도에 많은 애정을 쏟았습니다. 특히 지구상 유일한 분

울릉도와 독도 녹색섬 홍보 대사 조너선 리

단국가인 한반도를 생각할 때마다 가슴이 아팠던 탓에 남북 평화
문제 해결을 위해 적극적으로 활동하고 있습니다.

2010년에는 북한을 방문해 김정일 국방위원장에게 DMZ를 활
용해 '판문점 어린이 평화 숲'을 조성하자는 내용의 편지를 전하
기도 했습니다. 또 그해 서울에서 열린 주요 20개국(G20) 정상회
의 기간에는 회의장 근처에서 '한반도 비핵화', '어린이 평화 숲을
만들어 주세요' 등의 문구를 적은 피켓을 목에 걸고 1인 시위를
벌이기도 했습니다. 2012년부터는 매년 DMZ 남북 평화 촉구 평
화행진을 펼치고 있습니다.

조너선은 환경운동을 시작으로 전쟁과 핵, 통일 등 평화운동으로까지 그 영역과 영향력을 넓힌 '평화환경운동가'로 성장했습니다. 눈에 보이는 삶의 터전으로써의 '자연환경'뿐 아니라 직접 눈으로 볼 순 없지만 우리를 둘러싼 더 큰 환경인 '인류의 평화'까지 생각한 것이죠.

조너선은 꿈을 이루기 위해 조지워싱턴대학교 국제관계학과에 진학했고, 더불어 남북관계를 깊이 이해하고 한반도 평화를 앞당기는 구체적인 방법을 연구하고자 서울대에서 북한 관련 수업까지 수강했습니다. 꿈을 이루기 위해서는 '지식'과 '배움'이 무엇보다 중요하다는 것을 여러 곳에서 직접 활동하며 생생하게 실감했기 때문입니다.

조너선은 환경 동화를 그린 열 살 때부터 대학에 진학한 스무 살이 될 때까지 누구보다 불꽃 같은 10대를 보냈습니다. 이 열정은 조너선만 가진 게 아닙니다. 여러분도 이 열정의 잠재력을 찾고자 오늘부터 진지하게 '세상'과 '나'를 바라보면 어떨까요?

바다에 플라스틱 쓰레기 수거를 부탁하다

2011년, 16세의 네덜란드 소년 보얀 슬랫^{Boyan Slat}은 그리스의 한 해변으로 가족과 여행을 떠났습니다. 보얀은 평소 스쿠버 다이빙을 무척 좋아했기에 그리스 지중해의 아름답고 푸른 바다를 바라보자 주체할 수 없이 행복했습니다. 그런데 깊고 푸른 바닷속에서 자유롭게 스쿠버 다이빙을 즐기던 보얀은 큰 충격을 받습니다. 맑아 보이는 물속에 고기보다 더 많은 양의 플라스틱 쓰레기들이 떠다녔거든요. 보얀은 청명하고 맑게만 보이던 바다가 실상은 쓰레기들로 넘쳐나고 있다는 사실이 믿기지 않았습니다.

해양 쓰레기가 분해되는 데는 나음과 같이 많은 시간이 걸립니다.

- 종이 : 2~5년
- 우유팩 : 5년
- 나무젓가락 : 20년
- 일회용 컵 : 20년
- 나일론 천 : 30~40년
- 플라스틱 : 50~100년
- 캔 : 100년
- 스티로폼 : 500년

보얀 슬랫은 심각한 해양 쓰레기 문제를 직접 눈으로 보면서 이런 생각을 했습니다.

'만약 70억 세계인이 바다에 쓰레기를 버리기만 하고 치우지 않으면 우리의 미래는 어떻게 될까? 어떻게 하면 바닷속 플라스틱을 청소할 수 있을까?'

이때부터 보얀은 바다의 플라스틱 쓰레기를 청소하는 방법에 대하여 깊이 고민합니다. 평소 과학기술에 큰 흥미를 보였기에 그는 학교 과제로 해양 쓰레기를 청소할 수 있는 프로젝트를 준비해 갔습니다. 그 과정에서 보얀은 바다 쓰레기 문제가 생각보다 심각하며 태평양에는 쓰레기로만 이뤄진 거대한 섬이 존재한다는 사실도 알게 됩니다. 그런데 이때 보얀은 기발한 해결 방법을 착안합니다. 그 방법은 다소 엉뚱한 발상에서 비롯되었습니다.

'플라스틱을 수거하러 바다로 들어갈 게 아니라 플라스틱이 저절로 바다로 떠내려 오게 한다면?'

청소의 개념을 거꾸로 생각한 것입니다. 플라스틱은 바다 위에 둥둥 떠다니며 계속 이동하기 때문에 청소하기 어렵다는 단점이 있는데, 이를 오히려 장점으로 바꿔 생각한 것이죠. 그래서 바다 스스로 쓰레기를 청소하게 만들자는 아이디어를 생각해 냈고, 그렇다면 구체적으로 어떻게 청소할 수 있을지 거듭 생각합니다.

그러다 그는 굳이 거대한 장치를 사용해 인위적으로 쓰레기를 모으지 않아도, 일정한 방향으로 흐르는 해류를 이용하여 바다 스스로 쓰레기를 한곳에 모을 수 있다는 엄청난 사실을 알아냅니다. 이를 토대로 해류 소용돌이 길목에 길이 100킬로미터, 높이 3미터 정도 되는 V자 모양의 플라스틱 막대를 설치하는 방법을 고안했습니다. 해류에 의해 쓰레기들은 스스로 V자 꼭짓점을 향해 모이게 되고, 이를 배에다 실어 모두 수거한 후 재활용하는 방식입니다.

하지만 보얀의 이 아이디어는 전 세계 전문가와 많은 사람들로부터 현실적으로 불가능하다는 조롱을 받습니다. 그럼에도 그는 위축되거나 좌절하지 않고 이듬해 2012년 미국 샌프란시스코에서 열린 세계적인 강연 행사인 TED에 참가해 아이디어를 발표했습니다.

보얀의 아이디어는 많은 사람들에게 감동을 주었고, 이들의 후원과 지지를 받아 2013년 비영리단체 '오션 클린업ocean cleanup'을 설립합니다. 이후 과학자를 비롯한 100여 명의 자원봉사자들이 보얀의 착한 아이디어에 동참하여 지구의 해양 환경 개선을 위한 거대한 프로젝트에 자원봉사로 함께 참여하고 있습니다.

오션 클린업은 1년여 동안 연구를 진행하면서 10년 이내에 태평양 쓰레기의 절반인 약 7만 톤을 없앨 수 있다는 사실을 과학적으로 증명했습니다. 또 기존 방식과 비교했을 때, 비용은 33분의 1로 절감됐고 처리 시간도 7,900배나 빠른 속도를 자랑했습니다. 그러면서 수거한 쓰레기를 되팔아 거둔 이익을 다시 바다 쓰레기 처리 사업에 투자하는 획기적인 발상으로 환경운동에 새로운 바람을 일으켰습니다. 그래서 보얀은 2014년 유엔환경계획(UNEP)이 주는 지구환경 대상에서 역대 최우수 수상자로 선정되었습니다.

몇 년간의 연구와 시도 끝에 오션 클린업 프로젝트는 2016년 6월 북해에서 100미터 길이의 깔때기 모양 쓰레기통의 초기 형태를 테스트하는 단계에 도달했습니다. 하지만 두 달이 지나자 쓰레기통이 고정되지 않고 움직이면서 실험은 실패로 돌아갔습니다. 보안과 오션 클린업은 시스템 개선과 보완을 위해 추가 연구에 들어갔습니다. 그리고 2년 후 2018년 9월 오션 클린업은 오랜 테스트 끝에 개발된 '시스템 001System 001'을 태평양 한가운데 투입했습니다. 그런데 이 또한 실패로 돌아갑니다. 시스템 001은 부표 역할을 한 U자형 튜브가 분리되고, 망에 걸려져야 할 플라스틱이 빠져나오는 등 문제가 발생했습니다. 오션 클린업은 여기서 포기하지 않고 다시 문제점을 보완하고 개선한 후 2020년에 '시스템 002'를 시작하여, 2040년까지 전 세계 바다 위의 플라스틱 쓰레기를 적어도 90%까지 처리하는 목표를 세웠습니다.

버려진 플라스틱은 현재 전 지구인에게 가장 큰 골칫거리입니다. 이를 처리하는 것은 단시간에 해결하기도 어렵고 어떤 단체나 혼자만의 노력이 아닌 지구상의 모든 사람이 협력해야 할 거대한 프로젝트입니다. 보안과 오션 클린업은 여전히 많이 부족하고 가야 할 길이 멉니다. 하지만 만약 보안이 어린 학생이라는 이유로 무시당한 탓에 오션 클린업의 아이디어를 포기했다면 플라스틱 쓰레기 문제는 많은 사람에게 널리 알려지지도, 주목받지도 못했을 것입니다. 아직도 해야 할 일이 많지만, 그의 용기와 열정, 포기하지 않고 실천하는 끈기가 앞으로 플라스틱 문제를 해결할 큰 원동력이 될 것입니다.

미래 기후를 위해 등교를 거부하다

2018년 8월 스웨덴 국회의사당 앞, '기후를 위해 등교를 거부한다'라는 팻말을 든 한 여학생이 서 있었습니다. 바로 열다섯 살의 그레타 툰베리^{Greta Thunberg}입니다. 그레타는 아홉 살 때, 삶의 터전을 잃어가는 북극곰과 기후변화로 위험에 처한 지구의 환경 이야기를 선생님에게 듣고는 충격에 휩싸였습니다. 그리고 동시에 이런 질문을 하게 됩니다.

'인간이 정말로 기후를 변화시키고 있다면 그건 우리 문명을 위협하는 일일 것이고, 그렇다면 모든 사람이 여기에 관심을 가지는 게 당연하지 않을까? 그런데 주변의 어른들은 누구도 그런 이야기를 하거나 그 문제에 관심조차 보이지 않아. 이게 정말 옳은 것일까?'

그때부터 그레타는 기후변화를 공부하기 시작했습니다. 그런데 공부를 하면 할수록 답이 없다는 절망감에 더욱 사로잡혔습니다. 열한 살 때는 지구를 위한 심각한 걱정에 우울증을 앓았고 몸무게가 10kg이나 빠지기도 했답니다. 그러다 어느 순간 그레타는 이런 생각을 하는 것 자체가 시간 낭비라는 걸 깨달았습니다. 기후변화를 막기 위해선 무슨 일이든 해야 한다는 뜨거운 열정, 그리고 자신이 할 수 있는 일이 분명히 있을 거라는 따뜻한 희망이 그레타를 짓누르던 우울증을 밀어냈습니다.

2018년 그레타가 사는 스웨덴에 유례없는 폭염이 닥쳤습니다. 스웨덴은 북유럽이기에 여름철 평균 최고 기온은 20도 안팎인데, 그해 여름에는 수은주水銀柱가 30도를 훌쩍 넘어섰고, 곳곳에서 산불이 일어났습니다. 당시 스웨덴은 총선을 앞두고 있어서 거리마다 수많은 정치인 사진이 붙어 있었습니다. 그레타는 정치인들의 사진을 보고 이런 생각을 합니다.

'4년 전에도 정치인들은 기후변화에 대해서 그저 말만 했을 뿐 정작 기후변화를 위해 일한 게 아무것도 없어. 선거 때마다 정치인들의 말만 믿고 투표했는데, 그때뿐이야. 그래놓고 또다시 표만 달라고 외치고 있어.'

그레타는 어른들에게 책임을 물어야 한다는 생각이 들었고, 학교에 가는 대신 국회의사당 앞으로 갔습니다. 그곳에서 사람들에게 전단지를 돌리며 외쳤습니다.

"어른들은 우리 미래를 도둑질하고 망치고 있어요. 저는 그 사실을 알리기 위해서 이 일을 하고 있습니다!"

그레타는 총선이 실시되었던 9월 9일까지 날마다 학교에 가지 않고 국회의사당 앞에서 1인 시위를 벌였습니다. 사실 처음부터 1인 시위를 하려던 것은 아니었습니다. 그레타는 미국 플로리다주 고등학교에서 총기 난사 사건이 벌어진 후 많은 학생이 등교를 거부하고 있다는 뉴스를 우연히 접했습니다. 총기 규제를 요구하는 시위를 벌이던 그들처럼, 그레타도 친구들에게 학교를 빠지고 기후변화를 위해 시위를 하자고 제안했습니다. 그러나 주변 친구 중 아무도 함께하지 않았고, 그레타는 2018년 8월부터 매주 금요일마다 학교 대신 거리로 나가 홀로 '기후변화 대응 촉구' 운동을 펼친 것입니다. 이 운동의 이름은 '미래를 위한 금요일'입니다.

총선이 끝난 뒤에도 그레타는 매주 금요일마다 등교 거부 운동을 계속했습니다. 그레타는 자신의 SNS를 적극 활용했습니다. 기발한 아이디어로 '#미래를_위한_금요일(#FridaysForFuture)'이란 키워드를 붙여 자신의 행동을 널리 알렸습니다.

'미래를 위한 금요일' 피켓을 들고 시위하는 그레타 툰베리

그레타가 1인 시위를 시작한 후 많은 사람이 응원에 나섰습니다. 그녀가 시위할 때 함께 앉아서 이야기를 나누는 사람도 점점 늘었고, 그레타와 함께 시위하는 교사들도 생겨났습니다.

곧 그녀의 메시지를 담은 여러 동영상이 세계 전역으로 퍼져 나가면서, 이에 호응하는 등교 거부 운동이 여러 나라로 번져 갔습니다. 독일, 벨기에, 영국, 프랑스, 호주, 일본 등에서 청소년들이 등교 거부를 하며 다양한 연대 행동을 벌이기 시작했습니다.

2019년 3월 15일에는 105개국 1,650곳에서 10만 명이 넘는 청소년이 등교를 거부하고 시위에 참여했습니다. 호주의 시드니에서는 약 3만 명이 타운홀 광장에서 하이드파크까지 행진을 벌였고, 영국 런던에서는 약 1만 명의 청소년이 참가한 집회가 열렸으며, 스코틀랜드 에든버러와 글래스고에서도 수천 명이 시위에 참여했습니다. 일본의 도쿄에서도 고등학생과 대학생이 참여한 소규모 시위가 벌어졌고, 미국에서도 수도 워싱턴을 비롯한 주요 도시에서 시위가 이어졌습니다. 우리나라 서울에서도 '청소년기후소송단' 회원 100여 명이 함께 모여 '3·15 청소년 기후 행동' 행사를 펼쳤습니다.

16세 스웨덴 소녀가 시작한 이 운동은 전 세계 10대들의 힘을 입어 행동하지 않는 어른들에게 많은 깨우침을 던졌습니다. 이들은 기후변화를 위기로 인식하지 않는 어른들의 안일한 태도를 비판하고 자신과 같은 10대들에게는 기후변화의 심각성을 알렸습니다. 그런데 어떻게 전 세계 청소년이 시공간을 초월하여 힘을 합칠 수 있었을까요?

바로 인터넷과 SNS 덕분입니다. '#미래를_위한_금요일(#Fridays ForFuture)'이라는 해시태그로 '등교 거부 운동'이 전 세계에 알려졌고, 실제 모일 수 있는 거점이 없어도 'FridaysForFuture'라는 인터넷 사이트를 통해 전 세계 학생들이 공간을 초월하여 쉽게 참여할 수 있었습니다. 어른들은 스마트폰과 모바일을 사용하는 10대들을 걱정하지만, 잘만 사용하면 아주 창의적이고 효과적인 도구가 될 수도 있답니다.

그레타는 2018년 12월에 제24차 유엔기후변화협약 당사국 총회에 참석해 청소년 대표로 연설을 하기도 했습니다.

"어른들은 아이들을 사랑한다고 하면서 우리 눈앞에서 우리의 미래를 빼앗아가고 있습니다. 어떤 사람은 저더러 기후변화 시위에 나설 것이 아니라 기후 위기를 해결하는 기후 과학자가 되라고 말합니다. 하지만 기후 위기의 해법은 이미 나와 있습니다. 기후변화와 관련한 모든 사실과 해법은 이미 우리 손에 쥐어져 있습니다. 또 어떤 사람은 저에게 지금은 미래를 위해서 공부를 해야 할 때라고 말합니다. 미래라니요? 아무도 미래를 구하기 위한 행동에 나서지 않는다면, 사라져 버릴지도 모를 미래를 위해서 공부를 하는 것이 도대체 무슨 의미가 있다는 것이죠?"

그레타의 연설은 기성세대에게 '진짜 미래를 위해서, 다음 세대를 위해서 할 수 있는 선한 행동이 무엇인지'를 생각하게 합니다. 이후에도 그레타는 많은 국제 행사에서 연설하였고, 교황과 유럽 각국의 총리까지 만나 기후변화에 대한 많은 약속을 받아냅니다. 이 어린 소녀의 공헌은 크게 인정받아 2019년 6월에 국제앰네스티 양심 대사상을 받습니다. 또 2019년에는 노벨평화상 후보에까지 올랐습니다.

그레타는 자폐증의 일종인 '아스퍼거 증후군'을 앓고 있었습니다. 이 질환이 있는 사람들은 때로는 남들보다 사회 적응이 조금 늦습니다. 누군가의 눈에는 그레타가 아주 고집스럽고 특이했을지도 모릅니다. 그러나 그녀는 연약함을 이겨낸 위대한 환경운동가가 되었습니다. 여전히 그레타는 자신의 신념을 위해 구체적인 행동을 시도합니다. 비행기는 탄소를 많이 배출하기에 그녀는 국제 행사가 있을 때마다 비행기 대신 '요트'를 이용합니다. 그래서 2019년 9월 23일에 뉴욕에서 열린 유엔기후변화협약 회의에 참석하기 위해, 미리 15일 전에 영국 플리머스에서 출발해 느린 여정을 고집하기도 했습니다.

그레타는 여전히 외칩니다. 어른들이 올바른 일을 할 수 있게 부담을 주자고 말이죠.

"언젠가 어른이 될 10대 여러분, 잊지 말자고요. 우리는 모두 잠시 지구를 빌린 것임을!"

버크 베어

유기농 식탁을 만들기 위해
유기농 농부를 꿈꾸다

여덟 살 버크 베어^{Birke Baehr}는 여느 어린이처럼 치킨, 햄버거, 콜라, 과자 등 인스턴트 음식을 즐겨 먹었습니다. 몸에 좋지 않다는 것은 워낙 많이 들어서 잘 알고 있었지만 그래도 '뭐 얼마나 위험하겠어?' 하는 생각이 들었고, 무엇보다 우리 주변 사람들이 모두 먹고 싶은 대로 먹기 때문에 딱히 경각심이 들지도 않았습니다.

그러던 어느 날 버크는 일하는 엄마 옆에서 컴퓨터 모니터를 보다가 어떤 문구에 눈길이 갔습니다.

'액상과당에서 수은 검출'

버크는 과학 시간에 수은이 위험한 물질이라는 것을 배웠던 기억이 떠올랐습니다. 엄마에게 액상과당이 무엇인지 물어봤지만 엄마도 탄산음료에 들어가는 종류라고만 할 뿐 잘 모른다고 했습니다. 그 순간 버크는 호기심이 생겼습니다.

'우리 몸에 들어가는 건데 수은같이 위험한 게 왜 들어 있는 걸까?'

버크는 호기심에 이끌려 액상과당에 대해 찾아보기 시작합니다. 사람 목숨을 해치는 위험한 수은이 들어간 이유가 정말 궁금했기 때문이죠. 액상과당을 조사할수록 버크의 호기심을 자극하는 다양한 식품 관련 단어와 주제가 나왔습니다. 식품 첨가물, 화학제품, 살충제 화학비료 등 어려운 단어였지만 버크는 이것들에 대해 꼬리에 꼬리를 물고 자연스레 찾아보기 시작했습니다.

그러던 중 액상과당보다 훨씬 더 흥미로운 주제를 찾게 됩니다. 바로 '유전자 조작 농산물'입니다. 생명체의 타고난 특성이 아닌 유전자를 조작한 씨앗과 생물, 살충제와 제초제가 가득히 뿌려진 채소, 방사선을 쐬고 자라는 과일까지. 정말 위험한 먹거리의 세계를 마주했습니다.

버크는 가족 여행을 하며 산업화된 푸드 시스템의 어두운 면을 맞닥뜨린 후 더 큰 충격에 빠지게 됩니다. 살고자 먹었던 음식이 도리어 우리의 건강과 생명까지 서서히 빼앗아 가는 살인 무기와 같은 존재임을 직접 실감한 것입니다.

'유전자 조작 식물과 산업화된 축산과 도축으로 오염된 우리의 식탁을 건강하게 바꿀 순 없을까?'

이때부터 버크는 큰 사명감을 가지고 유기농 먹거리와, 친환경적이고 지역화된 농업의 중요성에 관해 주변 사람들에게 이야기하고 다닙니다. 주변 친구들에게도 설탕 범벅인 콘플레이크와 패스트푸드가 얼마나 위험한지 이야기하고 다녔습니다. 버크는 사람들이 먹고 있는 음식이 어디서 어떻게 오는지 명확히 알아야 한다고 생각했습니다.

1994년 영국 런던시티 대학교의 식품정책학 교수 팀 랭^{Tim Lang}은 '생산지에서 가급적 가까운 지역에서 생산된 식품을 소비하는 것이 안정성도 높고 수송에 따른 환경오염도 줄일 수 있다'라고 하여 '푸드 마일^{food miles}'이라는 개념을 처음으로 말한 바 있습니다. 버크도 이 같은 생각에 동감하며 먹을거리가 생산자 손을 떠나 우리 식탁에 오르기까지의 과정에 관심을 촉구했습니다.

버크는 식품 첨가물, 통조림, 방부제와 같은 먹거리 관련 지식, 지속 가능한 생태, 유기농업에 대해 더 공부하기 시작했습니다. 사람들에게 알리기에 앞서 먼저 자신이 제대로 알아야 한다고 생각해 어려운 식품 공학 도서를 계속 읽어 나갔습니다.

무엇보다 버크는 식품 관련 회사들의 화려한 광고와 마케팅이 어린이들을 쉽게 현혹한다고 말합니다. 또 GMO 제조사는 '유전자 조작 농산물은 안전하다'고 말하지만, 아직 우리 몸에 미치는 영향을 알 수 없는 만큼 이들 거대 기업과 싸워 세상을 바꾸겠다고 다짐합니다. 그래서 그 첫걸음으로 자신이 살고 있는 지역 농부들과 유기농 생산자를 돕는 방법을 연구합니다. 유기농 작물을 판매하는 생활협동조합도 직접 찾아가고요. 유기농 농장에서 일할 기회까지 얻어 농사도 배웠습니다. 그러면서 버크는 조금 더 비싼 유기농 제품이 가진 가치를 사람들에게 널리 알리기 시작했습니다. 사람들은 흔히 유기농 제품의 가격이 너무 비싸다고 생각합니다. 그러나 버크는 이렇게 외칩니다.

"유기농 제품을 생산하는 농부들에게 정당한 값을 치르는 것과 병원에 있는 의사에게 약값을 치르는 것 중 어떤 것이 장기적으로 볼 때 더 나은지를 생각해 보세요!"

버크는 가장 가까운 사촌 동생과 친구들부터 시작하여 주변 이웃에게 우리가 먹는 음식의 위험성에 대해서, 그리고 친환경적인 음식들의 중요성에 대해 홍보했습니다. 또 우리 사회에 믿을 만한 건강한 먹거리 시스템이 정착되고 유기농 음식이 더욱 활성화되도록 그 중요성을 알렸습니다. 이때 어려운 과학 용어가 아니라 누구나 쉽게 이해할 수 있는 용어로 친절하게 설명했습니다.

그렇게 주변 사람들의 인식을 개선하던 중, 버크는 2010년 열한 살이라는 어린 나이에 TED에서 멋진 강연을 하게 됩니다. '우리의 푸드 시스템, 무엇이 문제인가?'라는 주제로 말이지요. 비록 거대 기업들이 화려한 마케팅으로 우리를 속이려 들지만, 우리는 건강하게 키운 로컬 농산물을 먹어야 한다고 이야기했습니다. 첫 강연 이후 버크는 미국 곳곳은 물론 이탈리아까지 방문하고 두 편의 다큐멘터리에도 출연합니다. 또 어린이를 위해 『버크의 농장: 진짜 음식을 찾아서』라는 책도 출간합니다.

NFL 풋볼 선수를 꿈꾸던 버크는 이제 '유기농 농부'를 꿈꿉니다. 그는 친환경적인 식탁을 만들기 위해 노력하며, 믿을 만한 건전한 푸드 시스템에 관해 이야기할 때 무척 행복을 느낍니다. 물론 자신의 삶이 끝나는 날까지 사력을 다해 노력한다 해도 우리 모두가 건강한 삶을 누릴 수 있을 만한 이상적인 농산물 시스템이 나오지 못할 수도 있을 것입니다. 그래도 버크는 뿌듯합니다. 사람들이 조금이나마 안전하고 건강한 식생활을 하는 데 자신이 보탬이 되었다는 그 사실만으로도요.

멜라티 위즌과 이사벨 위즌

비닐 봉지에
이별을 외치다

세계적인 관광도시인 인도네시아 발리에 살고 있는 멜라티 위즌Melati Wijsen과 동생 이사벨 위즌Isabel Wijsen은 자신들의 삶의 터전에 쓰레기 더미가 쌓여 가는 것을 보고 마음이 아팠습니다. 두 자매는 플라스틱과 함께 수영하고, 플라스틱과 함께 해변에서 일광욕을 할 수밖에 없는 현실에 때로는 분노가 솟았습니다. 발리에서는 매일 46헥타르(약 13만 평) 넓이의 부지를 가득 채울 만큼 플라스틱 쓰레기가 발생하는데, 그중에서도 가장 심각한 문제는 비닐봉지입니다. 비닐봉지의 재활용률은 5퍼센트에 불과하기 때문이죠. 쓰레기 처리 시스템이 제대로 마련돼 있지 않다 보니 사람들은 비닐을 소각하거나 아무 데나 버리기 일쑤였고, 결국 상당량의 비닐 쓰레기가 바다로 흘러 들어갔습니다. 비닐은 절대 썩지 않기에 대부분은 결국 바닷물을 오염시키고 해양 생명체를 해칩니다. 나머지 비닐봉지는 쓰레기 더미에서 태워져 유해한 다이옥신을 대기로 배출하죠.

이런 비닐의 해로움을 잘 알기에 멜라티 위즌은 열두 살 때 열 살인 동생 이사벨과 함께 '굿바이, 비닐(BBPB, Bye Bye Plastic Bags)'이라는 단체를 세웠습니다.

이 단체를 만들기 전 멜라티는 수업 시간에 넬슨 만델라, 마하트마 간디, 마틴 루터 킹 등 세상을 바꾼 사람들의 이야기를 들으면서 자신도 세상을 바꾸는 사람이 되겠다는, 가슴 떨리는 꿈을 품었습니다.

'그렇다면 나는 어떻게 세상을 변화시킬 수 있을까?'

멜라티는 세상을 변화시킬 수 있는 여러 분야와 방법을 여동생과 함께 이야기한 끝에 자신들 삶의 터전에서 매일 접하는 쓰레기에 눈길이 갔습니다. 특히 비닐봉지 문제가 심각하다는 데 의견을 모으고 '굿바이, 비닐'이란 단체를 세우게 된 것이죠. 두 소녀가 다니는 학교도 환경을 중요시하는 '발리 그린 학교'라는 대안학교이기에 학교의 설립 목표와도 무척이나 잘 맞았습니다.

단체를 세우고 난 뒤 멜라티는 동생과 함께 즉각적으로 행동을 개시합니다. 이들의 초기 전략은 발리 주지사에게 전달할 100만 건의 서명을 수집하는 것이었습니다. 사람들의 서명을 받아 주지사에게 건의하여 발리에서 비닐봉지의 생산 및 판매와 사용을 금지하는 법안을 통과시키고자 했습니다. 두 자매는 발리 공항에 1,600만 명이 출·입국한다는 사실을 알고 무작정 공항 출국장에 테이블을 깔고 사람들에게 서명을 받기도 했습니다. 두 소녀 덕분에 발리 주민뿐만 아니라 발리에 온 외국인들까지 비닐봉지 문제가 얼마나 심각한지를 알았고, 약 10만 명이 서명에 동참했습니다.

하지만 이는 발리 정부의 비닐봉지 금지 정책을 끌어내기엔 역부족이었습니다. 2014년 11월에는 단식 투쟁까지 들어갔습니다. 주지사와 면담을 요청했지만 공무원들의 핑계와 늦은 일 처리로 주지사와의 만남이 1년 넘게 이루어지지 못하자 결국은 주지사를 만날 때까지 단식 투쟁에 들어간 것이었죠. 그런데 단식 이틀째부터 사회적 관심이 쏠렸고, 언론이 취재하자 셋째 날, 발리 주지사로부터 연락이 와 드디어 만남이 성사됩니다. 이 두 자매의 열정과 의지에 발리 주지사는 결국 마음을 열어 '2018년까지 비닐봉지가 없는 발리를 만든다'는 BBPB의 목표를 지원하기로 약속합니다. 우선, '비닐봉지 유료화'라는 정책을 마련했는데, 이는 비닐봉지 금지를 위한 첫걸음이 되었습니다.

멜라티와 이사벨은 제도와 정책을 위한 노력뿐 아니라 사람들의 의식과 생활이 바뀌도록 여러 교육 활동도 동시에 펼쳤습니

"굿바이, 비닐!"을 외치는 멜라티와 이사벨

다. 기회가 있으면 학교나 사회 곳곳에서 설명회와 워크숍을 열어 비닐의 유해성과 자신들의 캠페인을 설명했고, 비닐과 플라스틱이 지구상에서 모습을 감추도록 하기 위해 사람들의 동참을 호소했습니다. 2014년에는 플라스틱의 유해성을 알리는 25페이지 분량의 책자를 만들어 인도네시아 초등학교 30곳에 배포했습니다. 멜라티는 지금까지 12개 국가에서 1만 6천 명 이상을 교육했습니다.

멜라티와 이사벨은 여러 이벤트를 기획하고 진행하기도 했습니다. 2017년 발리에서는 해변 정화작업 이벤트를 열어 전 세계의 시선을 끌었습니다. 발리의 55개 지역사회에서 약 1만 2천 명이 BBPB와 함께 하루에만 43톤의 쓰레기를 모아 처리했습니다.

무엇보다 멜라티는 자신과 같은 10대들이 동참하기를 바랐습니다. 그래서 10대들이 즐겁게 참여하도록 톡톡 튀는 기발한 아이디어를 내 행사를 기획하고 주도했습니다. 가게, 식당, 호텔에 '비닐봉지를 사용하지 않는 업소'라는 스티커를 붙이고, 이런 업체를 사진과 함께 지역 월간지에 게재하거나 SNS를 통해 밝히는 것이죠. 또 IT업체와 협력하기도 했습니다. 강을 따라 바다로 흘러가는 쓰레기의 위치를 확인할 수 있는 앱을 사용해 정화작업 전에 대량의 쓰레기 위치를 확인할 수 있었습니다. 이 앱은 쓰레기 투기를 예방하는 데도 유용하다고 합니다.

멜라티는 동생 이사벨과 함께 TED에 출연해 많은 사람에게 비닐과 플라스틱을 줄일 수 있는 구체적인 실천에 대한 동기를 부여했습니다. 이외에도 포브스, BBC 등 세계적인 매체에서 주목하는 10대 환경운동가가 되었습니다. 2018년에는 제주도를 방문해 우리나라 환경부 장관과 면담을 하기도 했습니다.

우리는 환경 보호가 정말 중요하다는 것을 머리로는 알지만 직접 실천하는 일은 결코 쉽지 않기에 주저합니다. 그런데 두 자매는 탄원, 정책 제안, 다양한 교육과 강연, 대규모 정화 활동, 심지어 단식 투쟁까지, 10대로서 자신들이 할 수 있는 일은 무엇이든 최선을 다해 추진하고 실천했습니다. 두 자매의 도전은 여기서 멈추지 않습니다. BBPB가 발리를 넘어 세계적인 청소년 환경 NGO가 되는 것을 꿈꿉니다. 멜라티는 강연에서 이렇게 말합니다.

"우리와 같은 청소년은 세계 인구의 25퍼센트에 지나지 않지만, 미래는 100퍼센트 우리가 이끌고 나가야 합니다. 목표를 세워 도전해 보세요."

지구를 지키는 대체 에너지, 폐식용유를 모으다

2008년, 미국에 사는 열 살 소녀 카산드라 린^{Cassandra}

^{lin}은 겨울에 돈이 없어 추운데도 난방을 하지 못하는 이웃들이 많다는 사실에 마음이 아팠습니다. 가난한 현실 이외에도 안타깝고 걱정스러운 환경오염의 모습도 발견합니다. 각 가정과 음식점에서 기름과 폐식용유를 마구 버려 낡은 배수관과 하수구가 막히는 것을 보았던 것이죠. 그리고 난방을 하기 위해서 석유의 부산물인 중유를 사용하는데, 이 중유가 타면서 해로운 가스를 많이 배출해 환경을 파괴한다는 사실도 알게 되었습니다.

난방 문제로 추위에 떠는 이웃들, 기름과 폐식용유의 사용, 중유로 인한 환경 파괴, 카산드라는 이 심각한 문제들을 그냥 넘길 수 없었습니다. 친구들과 함께 어떻게 하면 이 문제를 해결할 수 있을까, 오랜 시간 곰곰이 생각하던 중 환경 박람회에 참석하게

됩니다.

"유레카!"

카산드라는 그곳에서 해결책을 찾아냅니다. 주방에서 음식을 만들고 난 뒤 남은 폐식용유를 중유보다 공해를 덜 일으키는 바이오 디젤유로 변환시킬 수 있다는 사실을 발견하게 된 것이죠. 여기서 멈추지 않고 카산드라는 그 즉시 시청으로 달려갑니다. 쓰레기 하차장에 폐식용유와 생크림, 버터 등을 모을 수 있는 컨테이너를 설치하자는 제안을 하기 위해서였는데, 물론 그 제안이 곧장 이루어지지는 않았습니다.

카산드라는 시민과 지역사회의 호응과 지지를 얻기 위해 라디오 방송에 출연하고 기회가 될 때마다 학교와 기관에 찾아가 폐식용유 모으는 일을 홍보했습니다. 또 대형마트나 백화점 출구에서 사람들에게 바이오디젤유에 대해 널리 알려 폐식용유를 재활용하도록 설득하기도 하고 음식점에 찾아가 폐식용유를 모으라고 권유하기도 했습니다. 하지만 이 과정은 무척 어려웠습니다. 식당 주인은 음식을 만들며 손님을 상대하는 것만으로도 바빴기 때문입니다.

카산드라와 친구들은 고민 끝에 홍보 방법을 바꿨습니다. 바로 미리 식당에 전화를 걸어 사장님들과 시간 약속을 정한 뒤 자신들의 계획과 방법을 단 5분 만에 알릴 수 있게 영상을 제작하는

메시지를 전하는 카산드라 린

것이었습니다. 이 영상은 아주 효과적으로 식당 주인과 요리사에게 메시지를 전달할 수 있었습니다. 이 방식으로 카산드라와 친구들은 12개 도시가 넘는 100개 이상의 식당에 폐식용유를 재활용하라고 설득할 수 있었습니다.

카산드라와 친구들은 13만 갤런(약 49만 리터)의 폐식용유를 모아 8만 1천 달러를 기부했고, 빈곤 가정 210곳에 2만 1천 갤런의 바이오 연료를 무상 지원했습니다. 더불어 이 활동은 총 200만 파운드(2020년 기준 약 29억)만큼의 이산화탄소 배출을 막는 성과를 내, 지구 온난화 예방에도 기여했습니다.

그녀가 일궈낸 성과 중 탁월한 것은 법을 바꾼 것이었습니다. 2011년, 카산드라가 살고 있는 지역 의회에서 '식용유를 사용하는 기업과 상인은 폐식용유 재활용을 의무화한다'는 법이 통과되는 데 일조한 것입니다.

이러한 열정과 헌신 덕분에 카산드라는 2012년 미국 방송사 CNN이 주최하는 '영 원더스Young Wonders'에 선정되어 상을 받았습니다. 그녀는 환경 살리기와 불우이웃 돕기라는 두 마리 토끼를 다 잡은 셈이었습니다.

나이와 생활 환경에 상관없이 우리는 각자가 서 있는 위치에서 적극적으로 배우고 행동함으로써 무언가를 이룰 수 있답니다. 만약 그녀가 주변 이웃과 환경에 관심을 두지 않거나 문제에 대한 해결책을 고민하지 않았다면 이런 멋진 결과는 세상에 나오지 못했을 거예요. 무엇보다 카산드라는 이 과정에서 많은 것을 배웠습니다. 세상을 바꾸기 위해서는 수많은 개인이 함께 노력해야 한다는 것을 말이에요. 또 사람들이 지금과는 다른 세상을 만들 수도 있다는 가능성을 마음속으로 먼저 받아들이지 않으면 변화는 일어나지 않는다는 것을요.

지구의 환경을 위해
우리는 무엇을 할 수 있을까?

여전히 많은 사람이 환경을 보존하는 것은 너무 큰 문제라 나와는 상관이 없다고 여깁니다. '나 하나쯤이야.' 하는 생각을 하는 것이죠. 하지만 우리의 작은 행동 하나하나가 모여 지구에 큰 영향을 끼칩니다. 사실 환경을 보존하는 것은 우리 일상에서의 '습관'이 되어야 합니다. 작은 것부터 실천하고 서서히 여러 이벤트에 참여하거나 기부에 동참하면 어떨까요? 만약 환경과 미디어에 관심이 있다면 환경 리포터로 활동하는 것을 추천합니다. 우리 사회를 친환경 사회로 이끄는 리더로 성장할 여러분을 기대합니다.

1. 소소하지만 뜻깊은 습관
- 급식을 받을 때 먹을 만큼만 받고 최대한 남기지 않고 다 먹도록 한다.
- 휴대폰이나 노트북을 충전하고 나서 플러그를 뽑았는지 반드시 한 번 더 확인한다.
- TV의 볼륨을 최대한 줄이고, 모니터 밝기를 한 단계 어둡게 하는 것만으로도 전기 소비를 10퍼센트 이상 줄일 수 있다.
- 여름철 에어컨보다는 선풍기를 사용하고, 겨울에도 옷을 여러 겹 겹쳐 입고 수면 양말을 신는다.

- 충동 구매를 자제하고 쇼핑을 하기 전 필요한 물품을 종이에 적어 꼭 필요한 물건만 구입한다. 쓰레기를 재활용하는 것도 중요하지만, 물건을 적게 사고 처음부터 쓰레기를 덜 만드는 것이 더욱 중요하다.

- 헌 옷은 바로 버리지 말고 주변에 누군가 입을 사람은 없는지 알아보고 나눠 주거나 중고 가게에 기증한다.

- 일회용 컵 대신에 개인 컵을 사용하고 나무젓가락, 플라스틱 수저나 포크는 최대한 사용을 줄인다. 음료를 마실 때도 빨대를 사용하지 않는다.

- 가까운 거리는 걷거나 혹은 자전거를 이용하고 3층 이하는 계단으로 다닌다.

- 비닐봉지 대신 장바구니와 에코백을 챙겨 쇼핑한다.

- 양치질할 때 양치 컵을 사용하고 샤워는 되도록 5분 이내로 짧게 하며 욕조에 물을 받아 쓴다. 목욕한 물은 걸레를 빨거나 청소를 할 때 사용한다.

- 휴대폰 요금 청구서와 카드 이용 내역, 보험금 청구서 등 각종 고지서를 이메일로 받는다.

- 일회용품 사용을 부추기는 포장과 배달은 되도록 자제하며, 불가피하게 포장 음식을 사와야 할 때는 밀폐 용기를 준비해서 담아 온다.

- 가능히면 친환경 마크가 붙어 있거나 탄소 배출량이 적혀 있는 제품을 구매한다.

2. 다채로운 환경 관련 기념일을 기억하자

혼자 실천하기는 어렵지만 함께 실천하면 쉽습니다. 그래서 전 세계는 환경 관련 기념일을 만들어 행사를 개최하는데요. 함께 참여해 보면 어떨까요?

⊙ 어스 아워 Earth Hour

세계자연기금이 주최하는 환경운동 캠페인으로 매년 3월 마지막 주 토요일에 실시됩니다. 해당 일에 1시간 전등을 소등함으로써 기후변화의 의미를 되새기는 상징적 자연보전 캠페인으로, 2007년 제1회 행사가 호주 시드니에서 시작된 이래, 전 세계의 유명 랜드마크가 참여하는 것으로도 널리 알려져 있습니다. 우리나라도 서울시청과 국회의사당, N서울타워 등이 참여했으며 일반 가정도 함께 참여하고 있습니다.

⊙ 아무것도 사지 않는 날 Buy Nothing Day

매년 11월 마지막 주의 어느 요일은 아무것도 사지 않는 날입니다(매년 날짜가 바뀝니다). 1992년 캐나다의 한 광고인인 테드 데이브 Ted Dave가 시작한 것으로, 단 하루만이라도 아무것도 사지 않으면서 우리의 소비가 환경에 어떤 영향을 미치는지 생각해 보는 날입니다. 이날만큼은 단순하고 소박하지만 행복한 삶을 실천해 보면 어떨까요?

⊙ **차 없는 날**Car -Free Day

9월 22일은 차 없는 날입니다. 1997년 프랑스 라로쉐에서 교통량 감축과 환경 개선을 위한 시민운동으로 처음 시작돼, 현재 전 세계 40개국, 1,500여 도시에서 매년 행사가 열리고 있습니다. '차 없는 날'은 대기오염, 교통문제, 에너지를 함께 생각하는 환경 운동으로 유럽에서는 '차 없는 주간'으로 발전 중이며 매년 1억 명 이상이 참여하는 세계적인 행사입니다. 우리나라도 서울을 비롯해 몇몇 도시들은 어느 구간을 일부 몇 시간 동안 차 없는 거리로 운영하기도 합니다. 이날만큼은 걷거나 대중교통을 이용하면 어떨까요?

이 밖에도 국제 생물 다양성의 날, 세계 오존층 보전의 날, 에너지의 날 등 환경 관련 기념일이 많습니다.

3. 청소년 환경 리포터에 도전해 보자

청소년 환경 리포터 YRE^{Young Reporters for the Environment}는 청소년들이 자주적으로 환경에 대한 문제를 자각하고 이를 해결하기 위한 탐색적 방법을 기사(보고서, 논문, 수필 등), 사진, 영상을 통한 저널리즘으로 발표, 전파하는 프로그램입니다. 청소년들은 이 활동을 통해 환경 문제에 대한 지식과 기술을 습득하는 한편, 비판적 사고와 팀워크, 사회적 책임 그리고 리더십을 기릅니다.

청소년 환경 리포터로 활동하면서 청소년 환경 미디어 대회에 참여할 수도 있습니다. 덴마크 코펜하겐에 위치한 환경교육

재단이 주최하고, 유네스코^{UNESCO}, 유엔환경프로그램^{UNEF}, 세계
관광기구^{UNWTO}가 후원하는 국제청소년 환경 미디어 콘테스트는
벌써 26년이나 이어진 청소년을 위한 행사랍니다. 대회는 전 세
계 230여 개국의 청소년들과 환경을 보호하고 지속 가능한 지구
환경을 만들기 위한 다양한 아이디어를 겨루는 교류의 장입니
다. 환경이나 미디어에 관심이 있거나 이와 관련된 진로를 생각
하고 있다면 좀 더 창의적인 일에 도전해 보기를 추천합니다.

청소년 환경 리포터는 누구나 다음 4단계를 통해 쉽게 시작할
수 있습니다. 이 과정을 통해 우리 사회를 친환경 사회, 지속 가
능한 사회로 혁신하는 환경 영웅이 되길 바랍니다.

환경 리포터 활동 4단계

1단계: 탐색 및 조사

주변 환경에 관한 문제 혹은 화두를 조사합니다.

- 주변의 환경 문제를 확인, 정의
- 확인된 문제에 관한 2, 3차적인 조사 수행
- 해당 문제에 대해 상반된 입장을 갖는 사람 혹은 그룹들을
  확인하고, 해당 문제에 대한 해결책 청취
- 일차적 자료 확보를 위한 설문 조사, 전문가 인터뷰 수행
- 해당 주제로 인해 야기될 수 있는 역사적·경제적·사회적·
  정치적 영향에 대한 조사
- 선정한 환경 문제가 국제적으로 미칠 수 있는 영향에 대한
  분석, 조사

2단계: 해결방안 연구

선정한 환경 문제에 대한 해결방안을 연구합니다.

- 환경전문가 및 관련자와의 인터뷰를 통한 해결방안 도출
- 가능한 해결방안들의 효과성, 효율성, 장단점 비교와 분석
- 논리적 근거를 바탕으로 한 최선의 해결방안 도출

3단계: 미디어 제작

주제로 선정한 환경 문제와 그 해결방안을 지역사회에 전파하기 위한 미디어 형태의 결과물을 제작합니다.

- 자신의 결과물을 전파하고자 하는 주요 대상 결정
- 환경 문제 제시 및 해결책이 가장 잘 전달될 수 있는 미디어 형태 확인
- 선정 주제와 해결책이 논리적으로 구성된 기사, 사진, 영상 제작

4단계: 미디어 전파

제작된 미디어를 지역에 전파합니다.

- 자신의 제작물을 신문, 잡지, 라디오, 텔레비전, SNS 등을 통해 공유, 전파

출처: 청소년 환경 리포터(http://www.fee-korea.org)

4장

사회적 약자들과
한편이 되다

인권운동가, 인권의 상징 말랄라를 만들어 내다

여러분이 만약 '인권'을 위해 용기를 낸 대가로 감옥에 가야 한다거나 사람들의 조롱과 비난을 받는다면 어떨까요? 설상가상으로 목숨까지 위태로워질 수 있다면요? 목숨을 내걸고 자신의 명예가 실추되면서까지 여러분이 믿는 신념을 지키기 위해 싸울 수 있나요?

말랄라 유사프자이^{Malala Yousafzai}는 파키스탄 북서부 아름다운 스와트에서 살고 있었습니다. 하지만 삶은 무척이나 피폐했습니다. 2007년부터 이웃 나라인 아프가니스탄에서 건너온 탈레반이 그곳을 본거지로 삼고 주민들을 괴롭혔기 때문입니다. 탈레반은 무장 이슬람 정치 단체로, 이슬람교에 대한 과격한 해석을 근본으로 하고 있습니다. 그 탓에 가혹한 이슬람식 처벌 제도를 부활하고 여성을 억압하는 등 이슬람 지역과 전 세계 곳곳에서 테러를 저질러 국제사회의 비난을 사고 있습니다. 탈레반은 말랄라가 살던 지역을 장악해 학교를 폭파하고 여성의 교육을 전면 금지했습니다. 그래서 말랄라는 더 이상 학교에 다닐 수 없게 되었습니다. 탈레반 아래에서 여성들은 자유롭게 살 수 없었습니다. 이들에게는 군대도 경찰도 그 어떤 권위와 힘도 무력했습니다. 이들에게 맞서는 자들은 모두 학살당했으니까요.

말랄라는 학교에 갈 수 없어 너무 슬펐습니다. 학교를 운영하는 아빠를 따라 어린 시절부터 배움을 사랑하고 공부를 즐기던 똑똑한 아이였거든요.

때마침 2009년 영국 BBC에서는 탈레반에 억압당하는 파키스탄 국민의 이야기를 글로 써 줄 사람을 찾고 있었어요. BBC 기자는 말랄라의 아빠에게 글을 쓸 사람을 찾아 줄 수 있는지 부탁했습니다. 하지만 선생님도, 나이 많은 학생들도 선뜻 나서는 사람이 없었습니다. 이때 말랄라는 자신이 하겠다고 나섭니다. 불과 11세 소녀인데 말이에요.

말랄라는 BBC 기자의 도움을 받아 글을 쓰기로 합니다. 그리고 기자의 권유에 따라 가명을 썼습니다. 과거 영국의 지배에 맞서 싸웠던 파키스탄 독립운동가 '굴 마카이'가 그녀의 새로운 이름입니다.

"나는 교육을 받을 권리, 노래할 권리, 시장에 갈 권리, 하고 싶은 말을 할 권리가 있다."

말랄라는 3개월 동안 매일 굴 마카이가 되어 블로그에 글을 썼습니다. 단 3개월의 블로그 활동이지만 말랄라의 글로 인해 중동 여성 인권은 전 세계적으로 큰 주목을 받았고, 마침내《뉴욕 타임스》에서 다큐멘터리까지 제작했습니다.

하지만 이 다큐멘터리에 출연해 인터뷰를 하는 동안 그녀의 신분이 노출되어 그 이후부터는 탈레반에게 살해 위협을 당합니다. 탈레반은 말랄라가 자신들의 국제적 위상에 크게 손상을 입혔다며 2012년 10월, 시험을 마치고 집으로 돌아가는 말랄라의 버스를 덮칩니다. 그들은 버스에 올라타 총기를 겨누며 모든 사람에게 '말랄라가 누구냐'고 물었습니다. 학생들은 처음에는 대답을 거부하다가 총부리를 머리에 대자 겁에 질린 나머지 결국 말랄라를 지목하게 되지요. 탈레반은 지체 없이 어린 소녀 말랄라에게 총격을 가했고, 총탄은 그녀의 머리와 목을 관통합니다.

머리와 목, 어깨에 총상을 심하게 입은 그녀는 파키스탄에서는 치료할 수 없어 영국 버밍엄으로 이송되었습니다. 도저히 가망이 없어 보였던 그녀지만 여러 차례의 대수술과 6일간의 혼수상태를 이겨내고 기적적으로 눈을 떴습니다. 말랄라는 고막을 다쳐 귀가 들리지 않고 목소리도 나오지 않는 상태에서 인공 달팽이관을 이식하는 수술을 마친 후에야 자신이 얼마나 위험한 상태였는지를 들을 수 있었어요.

　사건 직후 탈레반은 자신들의 소행임을 밝히며 '여성이 세속적인 교육을 받는 것은 이슬람 율법에 어긋나고, 규율에서 벗어난 세속주의를 전하면 누구든지 우리의 공격을 받게 될 것'이라고 계속 협박했습니다.

　하지만 오히려 말랄라의 소식은 전 세계인들의 마음을 움직였습니다. 전 세계 사람들은 탈레반의 비인간적인 잔인함을 비난하며, 이 같은 위협을 예상하고도 여성의 교육권을 지키기 위해 나선 소녀의 용기에 감동해 응원을 보냅니다. 그리고 탈레반의 억압에 짓눌려 목소리를 내지 못하던 파키스탄의 많은 여성들이 나섭니다.

"내가 바로 말랄라다(I am Malala)."

　파키스탄 여성들은 위 문구가 새겨진 티셔츠를 입고 파키스탄의 거리를 가득 메웁니다. '내가 말랄라다'라는 문구는 버스에 오른 탈레반이 "누가 말랄라야?"라고 물었던 바로 그 질문에 대한 대답이자, 탈레반의 위협으로 교육받을 기회를 잃은 1만 2천여 명의 파키스탄 소녀들의 현실을 세상에 알리는 의미 있는 구호입니다. 말랄라는 이렇게 전 세계 여성 인권의 상징이 되었습니다.

2013년, 열다섯 살 소녀 말랄라는 미국 뉴욕의 유엔본부에서 열린 청소년 유엔총회에 참석해 연설했습니다. 이 행사에서 말랄라는 전 세계 모든 어린이와 청소년이 배움의 권리를 누리게 해 달라고 호소했습니다. 이 연설은 그녀를 지지하는 300만 명의 청원을 당시 반기문 유엔 사무총장이 받아들여 성사된 것이었습니다.

"테러리스트들은 총탄으로 우리를 침묵시킬 수 있다고 생각했지만 그들은 틀렸습니다. 탈레반의 총격은 저를 바꾸어 놓지 못했습니다. 지금, 저는 두려움 대신 희망을 봅니다. '분쟁 지역 모든 어린이의 교육권 실현'이라는 제 꿈은 조금도 달라지지 않았습니다.

모든 어린이 가운데는, 제게 총격을 가한 탈레반 테러리스트의 아이들도 포함됩니다. 저는 제게 총을 쏜 사람들을 증오하지 않습니다. 사람들 마음속에는 증오 대신 평화가 자라야 한다는 것을 저는 교육을 통해 배웠습니다. 테러리스트들이 두려워하는 것은 책과 펜, 그것을 통해 전해지는 억압받는 사람들의 목소리입니다. 문맹과 빈곤, 테러리즘에 맞서 싸우기 위해 책과 펜을 들어 주십시오. 책과 펜은 가장 강력한 무기입니다. 한 명의 어린이, 한 명의 선생님, 한 자루의 펜, 한 권의 책이 세계를 바꿀 수 있습니다."

2013년 세계적인 시사 주간지 미국《타임》지는 말랄라를 표지에 올리며 '세계에서 가장 영향력 있는 100인'으로 선정했습니다. 그리고 2014년, 그녀는 열여섯의 나이에 최연소 노벨평화상까지 받았습니다. 노벨상 수상 후에도 말랄라는 여전히 억압받는 여성과 아이들의 인권을 위해 열심히 일하고 있습니다. 그녀가 설립한 '말랄라 펀드'는 시리아 국경 근처에 난민학교를 세웠고 스와트 밸리에 여학교를 세우는 데도 기여했습니다.

우리는 말랄라를 통해 나이가 어린 것이 자신의 신념을 실현하는 데 아무런 걸림돌이 되지 않는다는 사실을 알 수 있습니다. 이처럼 자신의 꿈과 신념에 대한 진정한 믿음이 있는 사람은 목숨까지 걸고 행동하게 되고 결국 이 땅에 자신의 소원이 실제로 이루어지게 한답니다.

말랄라는 여전히 꿈을 꿉니다. 파키스탄 총리가 되어 사회를 바꾸겠다는 꿈을!

레모네이드를 팔아
아동노동을 없애다

레몬 자체는 원가가 그리 비싸지 않지만 시원하고 상큼한 레모네이드로 변신한 순간, 가격은 10배 이상 오릅니다. 이처럼 그저 작은 실천 하나로 엄청난 가치를 만들어 낸 어린 소녀가 있습니다.

여덟 살 비비안 하르^Vivienne Harr^는 어떤 사진 한 장을 보고 충격에 빠집니다. 사진 속에는 무거운 돌을 들고 산을 넘고 있는 어린 형제의 모습이 담겨 있었어요. 사진 속 두 아이는 네팔의 어린이였답니다. 그 사진을 본 비비안은 자기 또래의 아이들이 잠자는 시간 외에 하루 종일 밥도 제대로 먹지 못하고 온몸을 바쳐 일하는데 월급마저 받지 못한다는 사실을 알고 큰 충격에 휩싸입니다. 또 탈출을 시도하면 더 심하게 학대를 당한다는 것도 알게 되었죠. 한마디로 아이들은 '노예'였습니다.

비비안은 학교에서 분명히 링컨 대통령이 집권한 이후로 강제 노동에 시달리는 노예는 세상에서 사라졌다고 배웠는데, 그런 노예가 여전히 지구상에 존재한다니요! 믿을 수 없는 사실에 화가 났습니다. 비비안은 어떻게 하면 아동노동을 없애고 현재 고통당하고 있는 이 친구들을 도울 수 있을까 고민합니다. 그러고 나서 바로 행동으로 옮길 수 있도록 구체적인 목표를 정합니다.

'노동 착취를 당하는 어린이 노예 500명 돕기!'

비비안은 이 목표를 실현하기 위해서 어떻게 해야 하는지 먼저 조사를 합니다. 그 결과 어린이들을 돕기 위해서는 약 10만 달러(우리나라 돈으로 약 1억 300만 원)의 돈이 필요하다는 사실을 알게 됩니다. 이 기금을 마련하기 위해 비비안은 당장 집 앞에 레모네이드 가판대를 설치했고, 모든 어린이가 자유로워지길 바라는 마음을 담아 매일 아침 레모네이드를 만들어 팔았습니다. 비비안은 가격을 정확히 정하지 않았습니다. 대신에 이런 문구를 적었습니다.

"Whatever's in your heart(마음이 우러나는 대로 얼마든지 내세요)!"

레모네이드를 만들어 파는 비비안

비비안은 매일 정성을 다해 꾸준히 레모네이드를 만들어 팔았습니다. 그러던 어느 날 미국의 유명한 기자가 비비안을 SNS에 올리면서 세상에 알려집니다. 여덟 살의 어린 소녀가 아동노동 착취에 맞서 싸우고 있다는 사실이 전 세계로 퍼져 나가자 유명한 언론사들이 앞다투어 이 어린 소녀를 취재했고, 비비안은 순식간에 유명해집니다. 여기서 끝이 아닙니다. 행운의 여신은 비비안의 손을 번쩍 들어 주었습니다. 바로 뉴욕 시장까지 비비안을 찾아와 뉴욕 최고의 번화가인 타임스퀘어에서도 레모네이드를 팔지 않겠느냐고 제안한 것입니다.

뉴욕의 타임스퀘어는 1년 365일 볼거리가 가득하고 전 세계인이 찾아오는 화려한 관광지입니다. 뉴욕 타임스퀘어로 진출한 비비안의 레모네이드 가판대는 더욱 화려해지고 규모도 훨씬 커졌습니다.

레모네이드를 팔기 시작한 지 173일이 되던 날, 드디어 비비안은 10만 달러라는 큰돈을 모으는 데 성공합니다. 비비안은 처음 약속한 대로 판매금 전액을 아동 노예를 돕는 자선 단체에 기부합니다. 이 일을 계기로 미국 사람들은 지구 반대편에 여전히 노예의 삶을 사는 어린이들이 존재한다는 사실에 큰 충격을 받고 관심을 갖게 되었습니다.

비비안은 여기서 멈추지 않았습니다. 자신이 목표한 돈을 기부해도 여전히 노예의 삶을 사는 친구들이 지구상에 많으니까요. 그래서 비비안의 꿈은 더 커졌습니다. 이 어린 소녀의 목표는 아동노동에 시달리는 전 세계 1,800만 명의 어린이들이 자유롭고 안전하게 살 수 있도록 돕는 것입니다. 비비안은 오클랜드 공정무역단체와 제휴를 맺고 'Make a Stand'라는 사회적 기업을 설립해 본격적으로 노동 착취를 당하는 어린이를 돕습니다. 'Make a Stand'에서 판매된 레모네이드의 수익금 50퍼센트는 유니세프를 비롯한 어린이를 돕는 후원 단체들에 기부됩니다.

비비안은 레모네이드 가게를 운영하면서 느꼈던 교훈 몇 가지를 다른 사람들 앞에서 강연하기도 했습니다. 비비안은 어른들에게 당당히 외칩니다.

"아이처럼 생각하면 어려움을 만나도 쉽게 극복할 수 있어요. 너무 어렵게만 생각하지 말고, 우리처럼 단순하게 긍정적으로 생각하세요."

아직 어린 소녀지만 비비안은 누구보다 가슴 떨리는 생생한 비전과 사명이 있답니다. 자신이 서른 살이 되기 전에 어린이 노예 제도를 없애고 싶다는 아주 착한 목표이지요. 이 착한 목표를 이루기 위해 오늘도 꾸준히 사업을 운영하고 '행동'하는 그녀는 이렇게 말합니다.

"두 소년이 서로의 손을 맞잡고 머리에 돌을 지고 나르는 사진을 봤어요. 그들은 형제이고 노예라는 이야기를 들었죠. 저는 제가 뭔가를 해야만 한다고 생각했어요. 행동이 없다면 누군가에게 느낀 동정은 그저 동정으로 끝나 버리니까요."

아미카 조지

SNS 캠페인으로
생리 빈곤을 퇴치하다

2017년 12월 20일, 빨간 옷을 맞춰 입은 10대 소녀 2천 명이 런던 한복판에 모였습니다. 이들은 어떤 일로 모였을까요?

· 영국 소녀 열 명 중 한 명은 생리대를 살 수 없다.
· 생리대에 세금을? 생리는 사치가 아니다.
· 무상 급식 대상자에겐 무상 생리대를!
· 학교에서 콘돔은 무료로 나눠 주면서 왜 생리대는 무료로 주지 않는가?

빨간 옷을 입은 소녀들은 위 문구가 적힌 피켓을 들고 구호를 외쳤습니다. 소녀들은, 생리는 자신의 선택으로 하거나 하지 않을 수 있는 게 아닌, 인간의 본능과 생존에 관련된 것인데 생리대에 세금을 부과하는 것은 말이 되지 않는다면서 연설을 이어 갔습니다. 그러면서 생리대는 국민의 공중보건에 필요하므로 세금을 폐지하자고 주장했습니다. 더불어 저소득층 청소년에게는 생리대를 무상으로 지급하라고 요구했습니다.

지금껏 인류 역사를 보면 여성들의 생리는 금기시되거나 불결한 것이라는 생각에 항상 조심스럽게 언급되었습니다. 그런데 그 누구도 자신 있게 대변하지 않았던 여성의 이야기를 광장에서 당당하게 외친 10대 소녀들의 이러한 사회 참여 활동은 어떻게 생겨난 것일까요?

영국에서 이 캠페인을 처음 시작한 사람은 열일곱 살 소녀 아미카 조지Amika George입니다. 아미카는 우연히 신문에서 여학생들이 생리대를 살 돈이 없어 학교에 가지 못한다는 신문기사를 읽었습니다. 한 해 약 13만 7천여 명의 영국 여학생이 생리대를 사지 못해 어쩔 수 없이 결석하는 현실을 접한 아미카는 가슴이 아팠습니다.

'나와 같은 10대 소녀들이 생리 주기에 힘들어하지 않고 학교를 갈 수 있는 방법은 없을까?'

생리대를 살 돈이 없는 소녀들에게 생리 기간은 굉장한 스트레스이자 때로는 큰 공포입니다. 영국뿐만 아니라 우리나라에서도 신발 깔창과 휴지와 양말로 생리대를 대신하고 있는 저소득층 여학생들의 어려움이 뉴스에 나온 적이 있습니다.

아미카는 이 문제를 해결하려면 사람들의 관심을 불러 모아, 이런 상황이 곧 사회문제라는 것을 널리 알려야 한다고 생각했습니다.

먼저 경제적 여건에 따라 생리대를 마음 편히 사용하지 못해 신체적, 정신적으로 불편함과 고통을 겪는 소녀들의 '생리 빈곤' 문제를 해결하자고 공개적으로 외쳤습니다. 아미카는 생리 빈곤의 문제를 가난한 개인의 문제로 여겨온 사회의 시각을 '모두가 당연히 누려야 할 권리의 문제'로 바꾸어 놓으며, 무상 생리대에 대한 사회적 공감대를 넓혀 갔습니다.

아미카 조지와 여학생들은 '프리피어리어즈(#FreePeriods·생리 해방)'라는 해시태그를 만들었습니다. 10대에게 익숙하고 파급력이 큰 SNS를 통해 서로 힘을 합치고 사람들이 주목하도록 말이죠. 무상 급식을 지원하는 것과 마찬가지로 생리대를 무상으로 지급해야 한다는 '프리피어리어즈' 운동은 큰 공감을 일어 널리 퍼졌고, 15만 명을 목표로 시작된 인터넷 청원 역시 단시간에 10만 명을 훌쩍 뛰어넘었습니다. 그리고 아미카는 전 세계인이 보는 TED에서도 강연을 합니다.

"생리 기간에 겪는 '빈곤' 문제는 여성의 어린 시절을 빼앗고 있어요. 생리대가 없어 결석하면 교육적으로도 뒤처지고 결과적으로는 사회적 고립으로까지 이어져 고통받게 되죠. 세계적 현상인 '생리 기간의 빈곤'에서 가장 큰 문제는 '침묵'이라고 생각해요. 그래서 우리는 이야기를 시작할 필요가 있어요. 쉽지는 않을 거예요. 왜냐하면 가부장적인 사회에서 생리는 여성들만의 문제라고 들어왔으니까요."

결국 아미카 조지로부터 시작된 생리 해방 운동 덕분에 영국 스코틀랜드 자치정부는 2018년 9월부터 약 78억 2천만 원을 투입해 세계 최초로 모든 중·고등학생과 대학생에게 생리용품을 매달 무상으로 제공하게 되었습니다. 그리고 영국 정부도 2019년 9월부터 중·고등학교와 대학교의 여학생들에게 생리대 등의 위생용품을 무상으로 지급하기로 했습니다. 정부의 무상 생리대 정책이 발표되던 날, 열일곱 살 고교생에서 이제는 대학생이 된 아미카는 자신의 SNS에 짧고 강한 소감을 남겼답니다.

"We did it(우리가 해냈습니다)!!!"

항상 음지에 가려져 있던 여성들의 생리 문제를 당당하게 표현해 무상 생리대에 관한 사회적 공감대를 넓혀 온 아미카 조지와 영국 여학생들. 이들은 2년 동안 포기하지 않고 힘을 합쳐 목소리를 내어 결국 국가 정책까지 바꿨습니다.

어떤 문제가 수면 위로 올라와 사회에 큰 공감대를 형성할 때에야 비로소 실질적으로 사람들에게 유용한 정책과 제도까지 탄생합니다. 혼자서는 할 수 없지만 함께 힘을 합친다면 세상은 바뀔 수 있습니다. 아미카와 소녀들이 그렇게 했듯이 말이에요.

신문기사의 작은 한 줄로
아동 노예를 폐지하다

1995년 어느 날 캐나다에 살고 있던 크레이그 킬버거Craig Kielburger는 볼만한 만화를 찾아 신문을 뒤적이다가 어떤 기사를 보게 됩니다.

'12세 소년, 아동노동에 맞서 투쟁하다 피살되다'

크레이그는 자신처럼 이제 겨우 열두 살인 소년이 왜 총에 맞았는지 궁금해 기사를 더 자세히 읽어 나갔습니다. 네 살 때 노예로 팔려간 소년은 카펫 공장에서 하루 12시간씩 매일 일했고, 열 살 때 겨우 탈출해 아동 착취에 반대하는 운동을 벌이다가 살해당했다는 내용이었습니다.

이 기사 속 인물이 바로 파키스탄 아동노동 인권운동가 '이크발 마시흐Iqbal Masih'입니다. 크레이그는 부모의 빚 때문에 아이들이 강제 노동을 해야 한다는 사실에 몹시 충격을 받고 아동노동에 대해 더 알아보고자 도서관으로 달려갔습니다.

크레이그는 신문기사를 읽기 전까지는 아동노동이 뭔지도 몰랐습니다. 하지만 아동노동에 대해 알면 알수록 크레이그는 이루 말할 수 없는 어떤 복합적인 감정에 휩싸였습니다. 그리고 그저 감정에만 머무르는 것보다는 당장 무엇이라도 해야 할 것만 같았습니다. 가만히 있으면 아무것도 달라지지 않는다고 생각한 크레이그는 세계 2억 5천만 명의 어린이 노예들을 학대와 착취로부터 구해야겠다고 마음먹습니다. 이런 의미 있는 일을 하는 데 자신은 결코 어린 나이가 아니라고 생각했습니다. 곧장 친구들에게 이 사실을 들려주고 열한 명의 친구들과 함께 '어린이에게 자유를(FTCFree The Children)'이라는 단체를 만듭니다.

크레이그는 노예가 된 어린이들을 위해 인권단체에 편지를 보내고, 연설을 하고, 연방 정부에 탄원서를 제출했습니다. 그리고 큰 바자회를 열어 이들을 위한 기부금을 모으기도 했습니다. 이처럼 서로 얼굴도 모르는 지구 반대편의 한 소년의 죽음은 나비효과를 일으켜 다른 소년의 인생을 완전히 바꿨습니다. 마지 릴레이 경주를 할 때 바통을 건네주듯 이제 이크발 마시흐의 꿈은 크레이그의 손으로 전달된 것이죠.

그 후 크레이그는 부모님을 설득해 동남아시아 5개국을 돌아다니며 직접 그곳의 아이들을 만나봤습니다. 여행하는 동안 그는 학교 졸업 앨범 대신 술집 간판에 사진이 실린 아이들, 공장을 탈출하다가 붙잡혀 가혹한 고통을 겪은 아이들, 화약 공장에서 일하다가 불구가 되거나 목숨을 잃은 아이들, 빚 때문에 벽돌 가마에 노예로 팔려간 아이들, 길거리에서 깡패들에게 얻어맞으며 본드에 중독된 아이들, 매춘을 위해 팔려가는 여자아이들, 병원에서 사용한 주사기를 맨손으로 만지는 아이들을 만나며 자신이 앞으로 무엇을 위해 어떻게 살아야 할지를 깨닫습니다. 그리고 절대 자기 자신만을 위한 삶이 아닌 이 세상에 쓸모 있는 사람이 되겠다고 마음먹습니다.

　크레이그는 어른들의 탐욕과 아동학대를 계속 방치하는 세상에 화가 치밀어 올랐지만, 한 가지 가능성을 발견합니다. 그렇게 비참한 환경에 놓여 있음에도 미래에 대한 희망을 잃지 않고 자신과 가족의 삶을 이끌어 나가려 하는 꿋꿋한 친구들을 만나게 된 것이었죠. 또 가족을 부양한다는 의젓함으로 노동을 오히려 자랑스러워하는 아이들과 작은 것에도 행복해하는 소박한 아이들을 보면서, 선진국에 사는 자신의 잣대로 저들을 판단한 것은 아닌지 스스로를 되돌아보게 됩니다.

　크레이그는 여행 후 아이들의 인권과 삶의 개선을 위해 전 세계를 다니며 일했습니다.

"어린이가 어린이를 돕는다."라는 구호를 걸고 시작한 'FTC(어린이에게 자유를)'는 수만 명이 동참한 세계적인 인권운동 단체로 성장했습니다. 지금까지 45개국 이상에서 100만 명이 넘는 어린이들을 도왔고, 400개가 넘는 학교를 세웠습니다.

크레이그 킬버거 못지않게 그의 형 마크 킬버거 또한 이타적인 삶을 실천하는 인권운동가랍니다. 마크 또한 열세 살 때 방콕 빈민가로 들어가 에이즈 환자들을 돕거나 케냐에서 여성공동체를 만드는 데 기여했습니다. 이 두 형제는 세계경제포럼이 정한 '내일의 세계 지도자'로 선정되었고, '아동 권리를 위한 세계 어린이상', '넬슨 만델라 인권상'을 포함해 여러 상을 받았습니다. 이외에도 노벨평화상 후보에도 3번이나 올랐습니다.

크레이그 킬버거는 어른이 된 지금도 여전히 아이들의 인권을 위해 일하고 있습니다. 그리고 청소년에게는 '셀프 헬프self-help'를 전합니다. 셀프 헬프는 '타인을 돕는 것'이 바로 '자신을 돕는 길'이라며 진정 가치 있고 행복한 인생을 살고 싶다면 먼저 다른 사람을 도와야 한다는 뜻입니다. 셀프 헬프를 실천하면 세상에 대한 믿음이 강해지고, 삶에 희망을 품어야 할 이유가 생긴다고 외칩니다. 여러분도 셀프 헬프를 마음에 품고 당장 사소한 것부터 실천해 보는 것은 어떨까요?

어린 엄마들의 무상 교육으로
조혼을 폐지하다

아프리카 말라위^{Malawi}는 전 세계에서 가장 가난한 나라 중 하나입니다. 이곳에 사는 소녀 메모리 반다^{Memory Banda}는 열세 살이 되자 가장 듣기 두려운 말을 듣습니다.

"메모리, 이제 너도 다 컸으니 성인식 캠프에 갈 때가 되었구나."

캠프라는 말을 듣는 순간 메모리는 숨이 멎는 듯한 답답함이 밀려왔습니다. 거우 열한 살밖에 안 된 동생이 캠프에서 어떤 끔찍한 일을 겪었는지 그녀는 생생하게 다 알고 있기 때문입니다. 메모리는 어린 나이에 출산하는 것이 얼마나 위험한지 알고 있습니다. 실제로 출산을 하다가 죽은 친구들이 많으니까요. 또 조혼이야말로 여자를 경제적으로 남성에게 의존하게 만들고, 이 의존은 폭력의 쉬운 빌미가 된다는 걸 잘 알고 있었습니다. 그래서 자신의 차례가 오면 무조건 거부하겠다고 다짐하고 또 다짐했습니다. 성인식 입문캠프에 가는 것과 원치 않는 임신, 그리고 결혼은 절대로 하지 않겠다고 말이죠.

"저는 결혼하기 싫어요. 공부를 계속할 거예요."

하지만 엄마와 이모들, 그리고 이웃 아줌마들은 메모리를 비난하고 닦달했습니다. 말라위의 모든 여자가 전통과 관습에 순종한 것처럼, 메모리도 그렇게 살아야 한다고 말이죠. 하지만 메모리는 어떤 억압에도 그 캠프에 가지 않겠다고 끝까지 버텼습니다.

말라위에는 오랜 시간을 거쳐 여성에게 내려오는 전통이 있습니다. 말라위 여성들은 사춘기를 시작할 무렵(2차 성징이 시작될 무렵), 나이로 치자면 고작 열 살밖에 되지 않은 어린아이들이 성교육을 받기 위해 성인식 캠프에 보내집니다. 여기서 배우는 '교육'이란 여자로서 남자의 욕망을 채워 주기 위해 성적으로 남자를 기쁘게 하는 방법을 실습하는 것입니다. 이 입문캠프에 온 소녀들은 '특별한 날'이 될 때까지 매일같이 노파가 설명하는 성교 방법들을 들어야 합니다. 그러다 정해진 날이 되면 지역사회에서 고용된 '하이에나'라고 불리는 남성과 성관계를 갖습니다. 하이에나는 말라위를 누비며 수많은 어린 여자아이들을 상대로 직접 교육을 합니다. 그래서 이 입문캠프를 다녀온 소녀들은 하이에나를 통해 에이즈를 비롯한 각종 성병이 옮거나 임신을 하기도 합니다. 더 놀라운 건 부모 중에는 형편이 어려워 여섯 살 혹은 일곱 살밖에 되지 않은 아이들까지 이 입문캠프에 보낸다는 사실입니다.

　임신한 소녀들은 부모의 강요로 결혼을 합니다. 그것도 하이에나가 아닌 다른 남자와 말이죠. 메모리 반다의 동생 역시, 이 입문캠프를 통해 11세의 나이에 처음 임신을 해 강제로 결혼을 하였고, 열여섯 살 때는 이미 세 아이의 엄마가 되었습니다. 말라위 소녀들은 어린 시절부터 이 전통을 여성이 되는 법이라고 배웠습니다. 저항한다고 하더라도 본인은 물론 가족이 위험해지기에 대부분의 말라위 여성들은 이 모든 것을 그저 묵묵히 받아들여야만 했습니다.

　하지만 메모리는 달랐습니다. 학교에 가고 싶었습니다. 그녀에게는 변호사가 되어 여성들을 돕고 싶은 꿈이 있었습니다. 한 번뿐인 소중한 자신의 인생이기에 자신이 정한, 자신의 삶을 살고 싶었습니다. 하지만 어린 시절 결혼을 해 아이를 갖게 되면 학업도 지속할 수 없어 변호사의 꿈은 헛된 망상에 불과하게 됩니다. 그녀는 동생처럼 교육도 받지 못한 채 강제로 임신해서 결혼하고 싶지 않았습니다. 그래서 입문캠프에 들어가는 것을 거부했습니다. 하지만 같은 편이라고 여겼던 엄마를 비롯한 주변 여성들은 오히려 더 메모리를 비난했습니다. 오랜 시간 견고하게 박혀 있는 사람들의 인식은 메모리 혼자만으로는 이겨내기 어려웠습니다.

메모리는 좋은 생각을 해냈습니다. 아직 10대에 불과한 아이 엄마들에게 무상으로 강의를 해 준다는 게시문을 마을에 붙이기로 한 것입니다. 처음에는 아이를 키우기에도 바쁜데 이 강의를 들을 엄마들이 과연 몇 명이나 있을까 걱정했습니다. 그런데 매우 짧은 시간에 스무 명가량의 10대 엄마들이 메모리의 강의를 듣기 위해 모여들었습니다.

메모리는 엄마들에게 읽고 쓰는 법부터 가르쳤습니다. 그러면서 점차 소녀 엄마들은 자신들의 속 이야기를 하기 시작했습니다. 아직은 많은 사랑과 돌봄을 받아야 하는 어린아이와 마찬가지인 이 소녀들은 원치 않는 결혼 생활과 육아로 삶이 피폐했습니다. 말 그대로 '아이가 아이를 키우는' 현실 속에서 대부분은 남편과 시댁의 노예로 살아갔습니다. 때로는 스무 살도 안 된 나이에 강제로 이혼을 당해 쫓겨나기도 했습니다.

메모리는 말라위 여자들의 삶을 보며 너무나 괴로웠습니다. 그리고 본인 혼자만으로는 이 문제를 해결할 수 없기에 강제 조혼에 반대하는 단체인 '말라위 소녀들을 위한 권익 신장 네트워크'의 도움을 받아 사람들 앞에서 연설하고 모임을 조직하고 활성화했습니다. 그리고 소녀들과, 이미 결혼한 10대 엄마들에게 제안했습니다. 어린 나이에 강제로 결혼시키는 조혼에 함께 반대 운

어린 엄마들 앞에서 강의를 하는 메모리 반다

동을 하자고요. 말라위 소녀들의 메시지는 간단했습니다.

"내가 원할 때 결혼하고 싶어요!"

짧고 강렬한 한 문장 안에 모든 것이 담겨 있었습니다. 소녀들은 당당하게 목소리를 내기 시작했고 사회를 변화시키는 투쟁에 임했습니다. 물론 그 투쟁은 쉽지 않았습니다. 가족과 지역사회와 부족의 지도자들에게 반발을 샀습니다. 하지만 소녀들은 포기하지 않았습니다. 매일 국회로 나가 아동 결혼과 관련된 입법 청원과 캠페인을 이어 나갔고 국회의원들을 설득했습니다.

그 결과 드디어 메모리와 소녀들은 성공했습니다. 2015년 4월, 법적 결혼 연령이 18세로 상향 조정되었습니다. 이를 어길 시 10년의 실형을 선고받을 수 있게 하는 처벌 조항과 함께 말이죠. 말라위를 비롯한 아프리카의 아동 조혼 관습이 얼마나 오래되었는지 생각한다면 이는 엄청난 승리를 거둔 셈입니다.

왜 말라위 여성은 '남성을 만족시키고 기쁘게 만드는 성 지식'을 합숙을 하면서까지 배울까요? 너무나도 가난하고 어려운 현실에서 여성들이 살아갈 생존 전략은 그저 '결혼'뿐이기 때문입니다. 교육은 여성이 자립할 수 있는 경제적 독립과도 연결이 됩니다. 그래서 메모리 반다는 처음부터 소녀들에게 읽고 쓰는 법을 가르치는 것을 출발로 삼았던 것입니다.

이제 말라위 소녀들은 부모가 강제로 결혼시킬 때 법이 자신을 보호해 준다는 것을 잘 알고 있습니다. 메모리는 말라위 대학교에 입학해서 영어와 철학을 공부하고 미국으로 유학을 떠날 준비를 하며 자신의 꿈을 향해 달리고 있습니다. 여성이 남성에게 종속된 존재로 태어나는 것이 아니라, 주체적인 한 인간으로 살아갈 수 있는 말라위를 만들고자 말이지요.

에미넴의 랩으로
조혼 여성의 삶을 구원하다

2014년 유튜브에 조회 수 100만이 넘는 한 편의 뮤직비디오가 업로드되었습니다. 뮤직비디오 속 소녀는 하얀 웨딩드레스를 입었는데 예쁜 신부 화장이 아니라 눈에는 시뻘건 멍이 가득했고 이마에는 마치 상품처럼 검은색 바코드가 찍혀 있었어요. 그리고 음악은 더욱 파격적이었습니다. 강제 조혼을 고발하는 내용의 거침없는 랩이 폭발하듯 쏟아졌기 때문이죠.

"아무도 이것을 들으면 안 되지. 하지만 나는 신부를 파는 것을 이야기하고 싶어. 종교에 위배되니까 아무도 내 목소리를 듣지 말아야 하지. 그들은 여자가 침묵을 지켜야 한다고 말해. 이것이 도시의 전통이라고.

나는 사람들이 따르고 있는 결혼 전통 때문에 혼란과 충격에 빠졌어. 그들은 딸에게 선택의 기회도 주지 않고 팔아 버리지. 더 많은 돈을 내는 사람이 딸을 데려갈 거라고 말하며….”

– 소니타의 ‘신부를 팝니다’ 중에서

랩을 하는 여성은 아프가니스탄의 17세 소녀 소니타 알리자데 Sonita Alizadeh입니다. 소니타는 아홉 살이 되던 해에 전혀 얼굴도 모르는, 서른이 넘는 남자와 결혼하라는 말을 듣습니다.

“엄마, 저는 이제 겨우 아홉 살이에요. 제발 엄마와 함께 살게 해 주세요.”

하지만 엄마는 말합니다.

“애야, 너도 알다시피 대부분 그 나이에 결혼한단다.”

소니타의 엄마도 열세 살에 결혼했기에 슬펐지만 어쩔 수가 없었어요. 소니타의 가정은 굉장히 가난했습니다. 전쟁 중에 아빠는 돌아가셨고 엄마와 다섯 형제만 남은 가족은 너무나 가난해서 항상 배가 고팠습니다. 아프가니스탄에서는 남자가 여자의 부모에게 돈을 주고 결혼하는 오랜 관습이 있습니다. 이 사회에서 열 살도 안 된 나이에 결혼해 10대에 출산하고 30대에는 할머니가 되어 손주를 보는 일은 아주 흔하게 볼 수 있는 모습입니다. 15세에는 강제 결혼이라는 악습에 따라 남자가 정해지기도 했습니다.

이런 일은 여전히 실제로 벌어지고 있으며 적어도 1억 5천만 명이 이런 위기 속에서 살아가고 있다고 합니다.

그녀가 팔려가는 돈은 우리 돈으로 겨우 1천만 원입니다. 어떤 지역에서는 고작 염소 한 마리 값에 소녀들이 팔려가기도 합니다. 이런 사회에서 어린 소녀가 할 수 있는 건 그저 울면서 매일 기도를 하는 것뿐이었습니다. 제발 결혼을 하지 않게 해달라고 말이죠. 소니타는 다행히 결혼할 남자가 결혼 취소를 통보해 피할 수 있게 되었습니다.

이후 소니타는 생계를 위해 엄마와 함께 이란으로 건너갔습니다. 형편이 어려웠던 소니타는 이란의 수도 테헤란의 난민 보호소에서 지냈습니다. 그녀는 화장실 청소 등 힘든 일을 하며 씩씩하게 돈을 벌었습니다. 하지만 정말 행복했습니다. 자원봉사자들에게 글자도 배우고 자유가 있었으니까요.

그러던 어느 날 소니타는 어떤 음악을 듣고 머리를 한 대 맞은 것 같은 충격을 받습니다. 동시에 가슴은 터질 듯한 감동과 전율을 느낍니다. 바로 에미넴의 랩이었어요. 세계적으로 유명한 미국의 힙합 뮤지션인 에미넴은 랩에 자신의 가난과 아픔과 차별을 담았고 때로는 사회를 거침없이 비판했어요. 에미넴의 음악에 푹 빠진 소니타는 자신의 이야기와 자기 주변 소녀들의 이야기를 랩으로 만들기 시작합니다.

매 맞고 팔려가 노예처럼 다뤄지는 소녀의 이야기는 곧 세상을 바꾸는 메시지를 담은 랩이 되었습니다. 인간으로서 누려야 할 권리와 자유가 파괴되었을 때의 그 아픔과 분노와 상처 그리고 눈물이 고스란히 담긴 랩이었습니다. 소니타는 시간이 날 때마다 랩을 적고 연습했어요. 그러면서 서서히 스스로 자신감도 얻고 자존감도 회복됩니다.

어느 날 이란의 유명 영화감독 로흐사레가 소니타를 찾아옵니다. 로흐사레는 여성 인권을 다루는 다큐멘터리를 제작한 감독이었습니다.

"소니타, 랩을 굉장히 잘하더구나. 랩에 담긴 메시지도 멋지고. 너의 노래를 내 카메라에 담아 보고 싶은데 어떨까?"

소니타는 자신의 목소리가 세상에 널리 울려 퍼질 수 있다는 사실에 감격했습니다. 그런데 이 시기에 엄마가 찾아옵니다. 다름 아니라 그녀에게 또 결혼을 요구했던 것이죠. 오빠가 결혼을 해야 하는데 결혼 지참금으로 약 1천만 원 정도가 필요했기 때문에 소니타가 먼저 결혼을 해야 한다고 했습니다. 소니타는 또 엄마의 제안을 거절합니다. 하지만 이번엔 엄마 역시 너무나 완강했습니다. 그녀는 할 수 없이 로흐사레에게 도움을 청합니다. 소니타가 안타까웠던 로흐사레는 소니타 대신 엄마에게 오빠의 결혼식 지참금을 건넸고, 간신히 소니타의 결혼을 6개월 뒤로 미룰 수 있었습니다.

6개월의 시간을 번 소니타는 많은 우여곡절 끝에 뮤직비디오를 찍습니다. 이 뮤직비디오가 바로 '신부를 팝니다'입니다. 하지만 이란에서는 여성이 공식적인 자리에서 노래하는 것은 불법이라 지하에서 몰래 촬영을 해야 했습니다.

소니타는 이 노래를 통해 자신은 물론 조혼을 강요받는 세계의 소녀들이 강제 조혼으로부터 해방되기를 바랐습니다. 그래서 이란 정부에 발각되면 체포될 수 있음에도 불구하고 전 세계인이 볼 수 있게 용기 내어 유튜브에 공개했습니다.

이 영상은 공개된 지 한 달 만에 조회 수 10만 건을 돌파했고 전 세계는 조혼을 강요받는 소녀들의 인권에 대해 큰 관심을 보였습니다. 어떤 이들은 이 소녀들을 돕고자 후원을 하기도 하고, 어떤 이들은 아직도 조혼이 만연한 아시아와 아프리카의 국가에 법을 제정하라고 목소리를 냈습니다. 한편 예상한 대로 이란 경찰은 체포 명령이 내려졌다면서 소니타를 잡아가려고 했습니다. 하지만 이 뮤직비디오가 얼마나 파장이 컸는지 이란 경찰은 체포를 취소할 수밖에 없었습니다.

그리고 얼마 후 영화 같은 놀라운 일이 벌어졌습니다. 유튜브 영상을 본 한 시민단체가 소니타에게 미국 음악학교에서 공부할 수 있도록 지원해 주겠다고 제안을 한 거예요. 그래서 그녀는 미국으로 가서 그토록 원하던 공부를 하고 뉴욕의 한 공연장에서 콘서트까지 여는 등 곧 공식적인 래퍼가 되었습니다.

무엇보다 기쁜 소식은 소니타의 엄마가 더 이상 소니타에게 결혼을 강요하지 않았다는 겁니다. 그리고 엄마는 그녀의 진심을 알고 열성적인 팬이 되었습니다.

현재 소니타는 열심히 공부하며 미국의 인권단체에서 일하고 있습니다. 또 아프가니스탄에 자신이 부른 노래와 랩이 널리 울려 퍼질 날을 고대하며 꾸준히 곡을 발표하고 있습니다. 랩은 그녀의 운명을 바꿨고, 이제 그녀는 강제 조혼으로 인생을 도둑맞은 소녀들의 운명을 구하고자 합니다.

'돈'을 어떻게 쓰는가에 따라
세상이 바뀐다

　전 세계적으로 노동하는 어린이(5~17세)는 1억 6,800만 명에 이릅니다(2016년 기준).

　대부분 제대로 먹지도 못하고 자지도 못하고 15시간 이상씩 힘들고 위험한 일을 합니다. 때로는 목숨을 걸어야 하거나 범죄에 가담하는 일에 내몰리기도 합니다. 그렇다고 돈을 많이 받는 것도 아닙니다. 하루에 2천 원 정도 되는 돈을 겨우 받거나 아예 못 받는 경우도 많습니다. 학교에서 교육을 받아야 할 시간에 노동 현장으로 내몰린 아동은 결국 고급 지식과 기술력을 습득하지 못해 더 나은 직업을 가질 기회를 박탈당합니다. 결국 단순 노동밖에 할 수 없는 아이는 평생 낮은 임금을 받으며 기계 부품이나 소모품처럼 다뤄집니다. 우리가 알지 못하는 사이에 전 세계 곳곳에서 아이들이 학대를 받으며 일하고 있습니다.

　현재 우리가 가진 것들에 대해 감사하는 마음과 더불어 이 아이들에게는 더욱 관심을 가져야만 합니다. 그리고 우리가 할 수 있는 일에 참여해야겠지요. 무엇이 있을지 알아볼까요?

1. 아동노동을 줄이는 소비를 하자

⊙ 스마트폰 오래 쓰고 재활용하기

콩고는 휴대폰 생산에 필수적인 코발트, 구리, 콜탄 등 원자재가 넘쳐나는 자원 부국입니다. 이 자원을 얻기 위해 하루 12시간을 언제 무너질지 모르는 좁은 땅굴에서 일하는 아동들이 있습니다. 마스크도 없이, 매일 흙먼지를 들이마시고 채굴 작업으로 혼탁해진 물을 마시며 아이들은 병들어 갑니다. 그러나 힘들게 채취한 콜탄을 판 돈은 고스란히 반군의 전쟁자금이 됩니다. 좁은 땅굴에서 일하지 않는 아이들은 소년병이 되어 전쟁에 나가야만 합니다. 콩고 소년들은 삽 아니면 총을 들어야 하는 것이죠.

이 문제를 우리가 근본적으로 해결할 수는 없습니다. 그런데 우리가 할 수 있는 일이 있습니다. 바로 스마트폰을 자주 바꾸지 않는 것입니다. 유행에 따라 스마트폰을 자주 바꾸는 낭비만 줄여도 분쟁이 되는 광물에 대한 수요를 줄일 수 있습니다. 또 더 이상 쓰지 않는 휴대폰을 재활용하는 것도 도움이 됩니다. 우리나라의 서랍 속 잠자는 휴대폰은 4천 3백만 대나 된다고 해요. 폐 휴대폰을 그냥 버리지 말고 수거함에 넣으면 도시 금속 회수 센터에서 재활용한다고 합니다. 휴대폰 재활용만으로도 분쟁 광물에 대한 수요를 줄일 수 있습니다.

⊙ 공정무역 초콜릿 구입하기

초콜릿의 원료인 카카오. 전 세계 카카오의 66퍼센트는 서아 프리카에서 생산됩니다. 이 중 아동노동은 나이지리아, 코트디 부아르, 가나, 기니, 시에라리온, 카메룬 6개 국가에서 발생하고 있습니다. 카카오는 서아프리카의 주요 수출 작물로 국가가 주 도적으로 산업을 독려합니다. 그러나 이득은 소수 다국적 기업 에 돌아갈 뿐 이것이 농부들의 소득으로 연결되지는 않습니다. 임금은 적고 일손은 부족하다 보니 농부들도 아동노동이 불법임 을 알면서도 아이들의 힘을 빌릴 수밖에 없습니다.

공정무역(개발도상국 생산자의 노동에 정당한 대가를 지불해 생산 자와 소비자 모두를 만족시키는 윤리적인 무역)으로 정당한 임금을 받는 농부가 늘어나야 초콜릿 산업 구조가 바뀔 수 있습니다. 농장주와 농부가 세계적인 초콜릿 관련 대기업에 제대로 된 금 액을 받는다면 아동이 아닌 성인을 노동력으로 사용할 것입니 다. 우리가 할 수 있는 일은 바로 공정무역에 관심을 가지고 공 정무역 초콜릿을 소비하는 것입니다. 우리가 어느 초콜릿을 구 입하는가에 따라 카카오 농부들의 선택 또한 달라질 것입니다. 기업과 농부는 우리가 어디에 '돈'을 쓰는지에 민감하니까요.

2. 온라인액션에 동참하자

국제 인권단체인 국제앰네스티 한국지부에서 인권 보호를 위 한 '온라인액션'에 참여할 수 있습니다. 인권 보호를 위한 여러

캠페인을 소개하는데, 캠페인마다 '탄원편지 보내기', '서명하기'
등에 참여할 수 있습니다. 이렇게 모아진 서명은 인권 보호 활동
에 사용됩니다.

⊙ https://amnesty.or.kr/involved/online-action/

3. 단체에 후원하기

일회적인 용돈을 후원해도 괜찮습니다. 실질적으로 어려움을
겪는 사람들을 도와주는 기부와 후원은 나의 삶을 더욱 풍요롭
게 하는 씨앗이 됩니다.

⊙ 유니세프 www.unicef.or.kr

⊙ 월드비전 www.worldvision.or.kr

⊙ 세이브더칠드런 www.sc.or.kr

⊙ 희망친구 기아대책 www.kfhi.or.kr

⊙ 초록우산 www.childfund.or.kr

⊙ 한국 컴패션 www.compassion.or.kr

5장

폭력이 사라진
세상을 위해
눈을 뜨다

삭발 시위를 강행하며
미국의 법을 바꾸다

2018년 3월 24일 미국 전역 800여 곳에서 '우리의 생명을 위한 행진March For Our Lives'이 열렸습니다. 이 행진은 미국의 10대들이 주도한 총기 규제 강화 시위였습니다. 이 중 삭발한 한 여학생이 앞에 나와 연설을 시작합니다.

"내 친구 카르멘은 더 이상 내게 피아노 연습을 하기 싫다며 불평할 수 없게 됐습니다. 지나 몬탈토는 친구 리암과 다시는 점심을 같이 먹을 수 없게 됐습니다. 조아킨 올리버는 친구 샘과 다시는 농구를 하지 못하게 됐습니다. 크리스 힉슨도, 루크 호이어도, 피터 왕도 다시 볼 수 없게 됐습니다."

여학생은 단상에 올라 사망한 17명의 학생 이름을 하나하나 부르고, 6분 20초 동안 침묵을 지켰습니다. 6분 20초는 총격 사건으로 17명이 목숨을 잃은 시간입니다. 무대에서 내려온 여학생은 2018년 2월 총격 사건에서 생존한 엠마 곤살레스^{Emma Gonzalez}입니다. 이날 시위는 미국 역사상 손에 꼽힐 정도의 최대 규모였습니다. 미국의 전 도시에서 이루어진 것은 물론이고 미국이 아닌 전 세계 주요 도시인 런던, 제네바, 시드니, 도쿄에서도 동조 집회가 열렸습니다.

특히 수도 워싱턴 D.C에는 약 80만 명이나 모였는데, 미국 역사상 하루 기준 수도에서 일어난 집회로는 최대 규모였습니다. 그리고 10대뿐만 아니라 전 연령대를 아우르는 시민들이 참가했고, 미국의 세계적인 팝스타들이 함께 공연했습니다. 어떻게 이렇게 많은 사람이 10대를 주축으로 모이게 되었을까요?

한 달 전 2월 14일, 플로리다주 더글라스 고등학교에서 총격 사건이 일어났습니다. 3천여 명이 공부하는 학교에서 32명의 학생과 교사가 죽거나 다쳤습니다. 분당 45발, 개조 시 800발까지 쏠 수 있는, 전쟁터에서나 쓰일 법한 가공할 무기인 AR-15 자동소총을 구입해 난사한 사람은 정신과 치료 경력이 있는 열아홉 살의 이 학교 자퇴생이었습니다.

시위는 이 총격 사건에서 기적적으로 살아남은 학생들로부터 시작되었습니다. 참사가 일어난 직후 엠마 곤살레스는 다음과 같

총기 규제 강화 시위에서 연설하는 엠마

은 말로 주목을 받았습니다.

"전미총기협회NRA로부터 돈을 받는 정치인들은 부끄러운 줄 알라."

그 후 엠마는 진심을 다해 총기 문제에 대해 울부짖는 연설을
했는데 이 연설이 미국 사회를 뒤흔들었던 것입니다. 엠마의 연
설은 파급력이 컸습니다. 그녀의 연설을 듣고 미국 전역의 학생
들이 시위를 위해 동맹 휴업까지 나섰습니다.

"총인지 학생인지, 미국을 위해 둘 중 하나를 선택하라!"

시위대는 더글러스 고교 사건을 포함해 미국 전역에서 총기 난사 사건 때마다 단골로 사용된 AR-15 자동소총 판매를 금지하고, 총기 구매 시 사전 신원 조회를 강화하라고 주장했습니다. 이 문제에 대해 침묵하는 정치권과 배후의 전미총기협회를 규탄하는 목소리도 이어졌습니다.

미국은 총기를 규제하기 힘든 나라입니다. 그런데 생존 학생들은 견고한 성처럼 꿈쩍 않는 미국 사회의 변화를 만들어 내 사람들을 놀라게 했습니다. 이후 플로리다주 상원은 총기 규제 강화 법안을 통과시켰습니다. 총기 구매 연령을 기존 18세에서 21세로 높이고, 3일간 총기 구매 대기 기간을 두도록 했습니다. 대량 살상을 가능하게 하는 총기 개조 부품의 판매와 소지도 금지했습니다. 이는 미국 사회에서는 엄청난 사건입니다.

미국의 언론들은 '생존 학생들의 압력에 의해 20년 만에 처음으로 중요한 총기 규제 법안이 통과되었다.'라고 놀라워하며 보도했습니다. 이 놀라운 10대들은 자신의 상처와 아픔을 오히려 사회를 변화시키는 멋진 무기로 만들었습니다. 이들은 권력도 없고 로비할 돈도 없었습니다. 하지만 '용기'와 정의를 향한 '신념' 그리고 멋진 '연설'만으로 미국에서 누구도 건들기 힘들 만큼 가장 견고한 총기 문제에 변화를 불러일으긴 것입니다.

뇌의 전두엽을 연구해
사이버 폭력을 이겨내다

2013년 미국의 열네 살 소녀 트리샤 프라부^{Trisha} Prabhu는 열두 살의 한 소녀가 사이버 폭력으로 괴롭힘을 당한 후 자살을 한 안타까운 사연을 보았습니다. 그녀 역시 어린 시절 비슷한 아픔이 있었던지라 굉장히 마음이 아팠습니다. 트리샤는 인터넷상의 사이버 따돌림이 더 이상 생겨나지 않도록 힘을 보태고 싶은 마음이 불끈 솟아났습니다.

이후 사이버 폭력을 조사하기 시작했고, 수많은 10대가 사이버 폭력으로 목숨을 잃은 것을 알게 됩니다. 그녀는 여러 소셜 미디어나 포털 사이트가 문제를 해결하기 위해 적극적인 노력을 제대로 하지 않고 있다는 생각이 들었습니다. 그래서 그녀는 사이버 따돌림을 완화할 무언가를 직접 찾기로 했습니다.

평소 뇌 과학 분야에 관심이 많던 트리샤는 청소년들이 인터넷에 누군가를 폄훼하는 글을 올리는 이유에 대해 '사고력을 관장하는 전두엽이 덜 발달했기 때문'이라고 예상했습니다. 전두엽은 25세 즈음 완성되기에 아직 전두엽이 성장 중인 청소년들은 어떤 자극이 생겼을 때 굉장히 즉흥적으로 반응한다는 가설을 세웠습니다. 실제로 청소년들은 어떤 나쁜 의도가 있었다기보다는 자신이 한 말과 행동이 어떤 결과를 초래할지 모른 채 사이버상에서 타인에게 상처를 준다고 합니다.

이 문제를 해결하기 위해 트리샤는 청소년들이 인터넷에 악성 메시지를 올리기 전 다시 생각할 시간을 가지며 올바른 판단을 할 수 있도록 하는 'Re-Think'라는 온라인 소프트웨어 프로그램을 개발합니다. 이 소프트웨어는 특허 기술을 이용해 타인에게 불쾌감을 줄 수 있는 단어와 문장을 골라낸 후 작성자가 모진 말을 인터넷에 올리기 전에 '이 메시지는 누군가에게 상처를 줄 수 있습니다. 메시지를 정말 올리실 건가요?'라는 경고의 메시지를 던집니다.

하지만 Re-think가 실제로 얼마나 효과가 있을지 예측하는 것과 이 프로그램이 실제 상용화되도록 사람들을 설득하는 과정은 무척 어려웠습니다. 이론적으로는 옳다고 해도 실제 효과가 있을지 확신이 없었기 때문이죠. 그래서 트리샤는 온라인 코딩 기술을 이용해 설문 조사지를 직접 만들었습니다.

트리샤는 무작위로 선정된 남학생 150명, 여학생 150명을 대상으로 실험을 했는데, 학생 총 300명에게 다섯 번씩, 즉 1500번에 가까운 실험을 했습니다. 한 사람당 5개의 악성 메시지 샘플을 보여 주고 SNS에 올릴지 말지 결정하게 한 것이죠. 150명은 메시지를 올릴 때 '이 메시지를 게시하겠습니까?'라는 질문을 받았습니다. 평소 SNS에서 접하는 문구입니다.

반면 나머지 150명에겐 '이 메시지는 다른 사람에게 상처를 줄 수 있습니다. 정말 메시지를 올릴 건가요?'라는 팝업창이 나오게 했습니다. 처음엔 71퍼센트의 학생들이 아무런 고민 없이 글을 달았습니다. 그러나 팝업창이 뜨고 자신이 작성한 글에 대해 생각할 단 몇 초의 여유가 주어지자 93퍼센트의 학생들이 자신이 쓴 나쁜 글들을 게시하지 않았답니다.

이 실험 결과로 트리샤는 자신이 개발한 소프트웨어가 청소년의 사이버 폭력을 줄일 수 있다는 확신을 얻었습니다. 다시 한번 생각해 보는, 작은 팝업창이 주는 몇 초의 유예의 시간으로 인해 사이버 세상이 새롭게 바뀌게 된 것입니다.

트리샤는 이 실험을 진행하면서 수많은 난관을 인내해야 했습니다. 하지만 사이버상에서 폭력을 줄이고자 했던 트리샤의 선한 목적이 이 힘든 과정을 끈기 있게 버티고 이겨내도록 도와주었습니다.

트리샤는 Re-Think로 2014년 구글 사이언스 페어 결선까지 진출했습니다. 이 세계적인 과학 경진 대회에는 1만여 편의 논문이 접수됐고, 오직 15명만이 결선에 진출했습니다. 비록 최우수상을 받지는 못했지만 트리샤는 구글 크롬과 Re-Think 프로그램을 접목한 뒤 다른 인터넷 브라우저에도 적용될 수 있도록 작업을 계속 진행할 예정이라고 합니다. 또 휴대폰 애플리케이션에도 호환되도록 상황에 맞는 필터링 시스템을 연구하려는 계획을 세웠습니다.

트리샤는 2014년 영국 런던에서 개최된 TED×teen에서 강연을 펼치며 전 세계 많은 10대에게 의미 있는 메시지를 전했습니다. 그녀는 앞으로 계속해서 뇌 과학을 공부해 인간의 감정을 연구하고 싶다고 합니다. 그녀의 또 다른 연구가 어떻게 세상을 바꿀지 기대가 됩니다.

노란 우산을 쓰고
민주화를 향한 긴 여정을 떠나다

2014년 9월 28일, 수만 명의 홍콩 학생들과 시민들이 거리로 나왔습니다. 이들이 바라는 것은 홍콩 시민이 홍콩의 지도자를 직접 뽑을 수 있는 권리를 갖는 것이었습니다. 그리고 홍콩의 거리에는 온통 환한 노란 우산이 펼쳐졌습니다.

경찰이 쏘는 최루탄과 물대포에 맞서 우산을 펼쳐 든 홍콩 시민들 앞에 안경을 쓴 17세 소년이 나와 연설을 합니다.

"중국이 두렵습니다. 하지만 10년 뒤 민주주의를 빼앗긴 홍콩에 산다는 것이 더 두렵습니다. 어떤 값을 치르든 우리는 이 문제를 다음 세대에 떠넘길 수 없습니다. 이번 세대가 우리 임무를 완수해야 합니다."

이 청년이 바로 조슈아 웡^{Joshua Wong Chi-fung}입니다. 홍콩 행정장관을 선거인단 1,200명만 참여하는 간접선거로 선출하는 것이 아니라 '홍콩 시민들이 1인 1표를 행사하는 직선제'로 선출해야 한다고 요구하는 '우산혁명'의 주역이죠. 조슈아는 이 과정에서 경찰의 최루탄과 물대포를 우산으로 막자는 비폭력 평화 시위의 아이디어를 내기도 했습니다. 아직 어린 10대 소년이었지만 조슈아의 민주화 운동 경력은 화려합니다.

열세 살 때 조슈아는 교회의 어른들을 따라 가난한 가정을 방문해 위로하고 그 가정을 위해 기도했습니다. 그리고 1년 뒤, 다시 그 가정을 찾은 조슈아는 뭔가 알 수 없는 허전함과 안타까움을 느꼈습니다. 여전히 그곳엔 변화가 없었고 사람들은 더 가난해졌기 때문입니다. 그 순간 조슈아는 깨닫습니다.

'기도만 해서는 변화를 가져오지 못하는구나. 변화를 위해서는 행동이 필요해.'

이후 평범했던 어린 소년 조슈아는 달라졌습니다. 2011년 중·고교생 학생운동 조직 '학민사즈^{學民思潮}'를 만들었습니다. 중국 정부는 홍콩의 젊은 세대의 생각과 행동 방식이 애국적이지 않다고 생각했습니다. 그래서 공산당을 찬양하고 맹목적 충성을 강요하는 '국민교육'을 홍콩 학교의 필수 과목으로 지정하려 했습니다. 하지만 조슈아는 이것이 학생들에게 강제로 사회주의 사상을 주입하는 교묘한 세뇌 교육이라 판단했습니다. 그래서 그는 '국민교육 반대 운동'을 시작합니다.

그는 학생들을 규합하고 시민들에게 이 교육의 부당함을 알렸습니다. 더 적극적으로 나선 조슈아는 국민교육 철회를 위해 서명운동을 하고 세뇌 교육에 반대하며 사상의 자유를 지키기 위한 행진을 진행해 나갔습니다. 한편 이 과정에서 SNS와 유튜브를 활용하여 젊은 세대들이 정치와 사회에 무관심하지 않도록 소통했습니다. 이를 통해 홍콩의 학생과 젊은이들은 더욱 적극적으로 자신들의 목소리를 내기 시작했습니다. 처음에 100여 명으로 시작한 작은 집회는 어느덧 12만 명으로 늘어난 큰 집회가 되었습니다. 이들은 홍콩 정부 청사를 점령하고 다음 세대의 자유를 세상에 외쳤습니다.

결국 홍콩 행정장관은 국민교육에 대해 '의무가 아니라 학교에 재량권을 주겠다'면서 학생들의 요구에 손을 들고 후퇴합니다. 조슈아와 학생들이 승리한 것입니다. 이 활동을 계기로 조슈아는 사회를 변화시킬 수 있다는 힘과 자신감을 얻었습니다. 무엇보다 학생들이 민주주의와 인권에 참여할 수 있는 터전을 마련한 계기가 되었습니다.

노란 우산을 들고 거리로 나선 조슈아 웡과 친구들

조슈아는 2014년 우산혁명을 위해 또다시 거리로 나왔습니다. 시위대가 처음부터 우산을 펼쳐 든 것은 아니었습니다. 처음에는 거리에서 노래를 부르고, 식사를 하고, 모여 앉아 이야기를 나누는 등 그저 도로를 점유한 비폭력 시위를 이어 나갔습니다. 그러나 시위 일주일 만에 경찰은 시민들에게 최루탄을 발포했습니다. 학생들은 여기에 강한 폭력 대신 우산을 펴 최루탄을 받아냅니다.

이 이례적인 비폭력 시위 장면은 '우산혁명'이라 불리며 전 세계 언론의 주목을 받았고, 영국과 미국 등지에서 이를 적극적으로 지지하는 시위가 일어나기도 했습니다.

비록 79일간 펼쳐진 이 시위가 직선제 요구안을 중국 정부에 관철하지는 못했지만, 전 세계가 홍콩 시민들의 자유민주주의에 대한 열망을 생생히 알 수 있는 계기가 되었습니다.

조슈아와 친구들은 이 시위로 중국 정부의 탄압을 받으며 상당수 체포됐습니다. 법원의 시위 해산 명령을 따르지 않은 혐의로 2019년 5월 최종 형량이 확정돼 2개월 동안 복역하기도 했습니다. 그런데 조슈아는 출소하자마자 또 송환법 반대 시위에 합류해 국제사회의 지지와 연대를 끌어내는 데 주도적 역할을 했습니다. 조슈아는 시민의 권리와 민주주의를 억압하는 지구상의 가장 큰 나라와 싸우고 있기에 두려울 때도 있지만 함께하는 친구들이 있어 이겨낼 것이라고 말합니다.

"다윗과 골리앗의 싸움이란 걸 알지만 자유 선거를 쟁취할 때까지 투쟁할 것입니다."

이런 조슈아의 리더십과 용기 있는 행동은 전 세계 젊은이들이 정치와 사회에 무관심하지 않도록 많은 영감을 주었습니다. 또 학생시민운동에 상당한 영향을 끼쳐 전 세계 유명 언론에 소개되었습니다. 또한 조슈아는 《타임》지가 선정한 '2014년 올해의 인물'은 물론, 프랑스 통신사의 '2014년 가장 영향력 있는 사람 10인'에 들었고 독일 《빌트》로부터 '자유 영웅'이라는 칭호까지 받았습니다. 이후에도 2015년《포춘》지에서 '세계 최고의 지도자' 중 한 명으로 선정되었으며, 투옥 중이던 2017년엔 노벨 평화상 후보로까지 지명되었습니다.

조슈아는 유명해져서 좋은 것보다 홍콩의 민주화 시위에 대한 국제적인 지지를 확보할 수 있어서 더욱 힘이 났습니다. 조슈아는 2016년 4월 우산혁명의 주역들과 함께 '데모시스토당'을 창당했습니다. 비록 중국 정부의 검열로 법인 설립도, 계좌 개설도 어렵지만, 크라우드 펀딩을 통해 한화로 약 2억여 원을 모았습니다.

조슈아는 투표도 중요하지만 실제 정치에 꾸준히 관심을 두고 보다 더 적극적으로 나서야 한다고 믿었습니다. 정치는 우리 삶을 실제로 좌지우지하기 때문입니다. 정부가 높은 수준에서 민주주의와 사회 정의에 부합하는 정책을 펼치도록 국민인 우리가 항상 감시하고 적극적으로 간섭해야 나라가 발전합니다. 실제로 우리에게는 그럴 권리와 의무가 있으니까요. 이런 태도가 정부의 부패를 막을 수 있는 예방책이랍니다. 스스로 국회의원이나 대통령이 되는 꿈을 꾸어도 좋습니다. 물론 직접적으로 이런 일을 하지 않아도 상관없습니다. 다만 방관자만은 되지 말아야겠죠?

조슈아처럼 청소년들은 언제나 기성세대와 사회체제에 의문을 던집니다. 때로는 권위에 도전하고 사회에 깊이 박힌 고정관념을 없애려 하지요. 어른들은 이런 청소년 시기의 패기를 무지하다고, 또 어리다고 무시할 때도 있지만 청소년의 도전적인 태도야말로 사회를 다른 관점에서 새롭게 보는 창의적인 도구가 되기도 합니다.

여러분에게 감히 말하고 싶습니다. 어른들은 일하고 가정을 유지하느라 또 각종 청구서에 찌들어 있어 때로 세상의 변화에 무관심할 수 있습니다. 일상을 버텨내느라 변화를 갈구하는 열정과 도전의 불꽃이 사그라들기도 하지요. 하지만 여러분은 시간과 에너지가 넘칩니다. 비록 입시 준비로 재미없는 공부에 짓눌려 있거나 그저 말초적인 즐거움에 마음이 빼앗겨 있을 때도 있지만, 사회문제를 해결하기 위해 선하고 순수한 양심과 열정 그리고 상상력의 보물 상자를 조금만 더 열어 보면 어떨까요?

기발한 교과서로
차별과 혐오를 이겨내다

노예제도가 사라지고, '모든 인간은 평등하다'라는 상식이 지배하는 세상에 우리는 살고 있습니다. 또 국가와 민족, 인종을 초월하여 모든 사람은 존귀하고 다양성과 개성이 존중받아야 한다는 것을 배우고 있습니다. 하지만 이러한 노력에도 불구하고 전 세계 곳곳에서는 여전히 민족과 인종이 다르다는 이유로 차별과 혐오로 인한 폭력이 일어나고 있습니다.

2017년 미국의 열일곱 살 소녀 위노나 궈Winona Guo는 수업 시간에 인종차별 문제와 그 피해를 학생들에게 정확히 잘 가르치지 않고 슬쩍 넘어가는 학교의 교육 시스템에 문제의식을 느낍니다. 위노나와 학생들은 선생님이 민감하고 불편한 주제일지라도 인종차별에 관한 내용을 잘 다루지 않는 것은 바람직하지 않다고 여겼습니다.

그녀는 친구 프리야 벌치^{Priya Vulchi}와 함께 인종차별 문제를 정면으로 다루고 이에 대해 소통하는 커뮤니티 'CHOOSE'를 만듭니다. 또 학생들이 그저 수박 겉핥기식으로만 알고 지나가는 것이 아니라 문제에 대해 정확히 알도록 이를 체계적으로 다루는 교육 시스템을 만들고 싶었습니다. 그래서 200여 개의 이야기를 모아 『교실 인덱스』라는 교과서와 교구를 만들었습니다. 학생들이 '인종차별'이라는 주제를 입체적으로 공부하고 논의할 수 있도록 효율적인 교과 프로그램을 만든 것입니다.

위노나와 프리야가 처음 'CHOOSE'를 만들었을 때만 하더라도 많은 사람들이 불편한 인종차별을 굳이 피곤하게 토론할 필요가 있느냐고 말했습니다. 미국 사회가 옛날처럼 인종차별로 인해 무슨 큰 문제가 발생한 것도 아닌데 이것을 수면 위로 끌어올려 이야기할 필요가 있느냐는 것이었습니다. 그럼에도 두 친구는 사람들의 부정적인 시선과 반대를 무릅쓰고 용기를 내어 자신들의 생각을 실행에 옮깁니다.

두 소녀는 끈기 있게 인종차별에 대한 사람들의 이야기를 수집했습니다. 그렇게 최선을 다한 결과, 이들이 제작한 『교실 인덱스』는 미국의 명문 대학인 프린스턴 대학교에서 상을 받았고 'Our Town's Unity Award'에서도 인정을 받았습니다. 2017년에는 프린스턴 대학교와 프린스턴 교육 재단의 지원을 받아 책의

2판을 발행하기도 했습니다.

두 소녀는 대학 생활을 1년 미루고, 미국 전역의 50여 개 도시를 여행하며 수백 명이 넘는 사람들과 얘기를 나누고 500여 개의 사연을 기록했습니다. 이번엔 인종차별을 넘어서 계급, 성별, 종교, 배경과 능력 등 미국 사회에 만연한 '혐오'와 '차별'에 대한 이야기까지 확장해서 다뤘습니다.

위노나와 프리야는 흔히 '선진국'이라는 미국에서 여전히 사람들이 차별과 혐오 때문에 많은 상처와 아픔을 겪고 있는 것을 보고 무척 놀랍니다. 어떤 사람은 유치원에서 늘 누명을 쓰던 한 장애인 친구에 대해 말했고, 어떤 사람은 처음 자신이 '검둥이'라고 불렸던 순간 얼마나 큰 모욕감을 느꼈는지를 말합니다. 또 어떤 사람은 성˚전환자로서 세상의 편견과 싸워 온 이야기를 털어놓았고, 어떤 사람은 동양인으로서 사람들에게 무시당한 이야기를 담담히 표현했습니다.

위노나와 프리야는 차별과 혐오가 뿌리내린 사회 곳곳에서 언제 어떻게 더 큰 폭력이 나타날지 알 수 없어 걱정되었습니다. 서로를 존중하지 않고 불신하는 사회에서 사람들은 점점 피폐해질 것이고, 어쩌면 깊은 마음의 병을 앓을지도 모르니까요. 특히 미국같이 총기가 허용되는 사회에서는 대형 참사가 일어날 수도 있습니다. 두 소녀는 '이 사회가 회복할 수 없는 불치병에 걸린 것은 아닐까?' 하는 생각이 들었고, 무엇보다 사람들의 태도에 안타까움을 느꼈습니다. 귀찮고 피곤하다는 이유로 문제를 수면 위로 끌어내어 함께 고민하려는 시도조차 하지 않는 것이 더욱 근본적인 문제임을 깨달았습니다.

이들은 미국 전역을 다니면서 만난 사람들의 이야기를 동영상으로 만들었고, TED에서 '인종주의 리터러시(정보 파악 능력)를 갖추는 데 필요한 것'이라는 주제로 강연도 했습니다. 그리고 강연에서 이렇게 말합니다.

"이런 사회적 현실과 문제에 대해 교실 안팎의 누구도 실질적으로 청소년에게 잘 가르쳐 주지 않습니다. 그래서 차별 없는 세상과 인권에 대한 감성을 기르기 위해서는 스스로 찾아서 배우려 노력해야 합니다."

위노나와 프리야가 만든 단체 'CHOOSE'는 어느새 30명 이상의 학생들이 모인 팀으로 성장했고 미국의 모든 학교에서 자신들이 만든 교과서 『교실 인덱스』가 교육되기를 바라며 지금도 활발히 활동하고 있습니다.

만약 위노나와 프리야가 인종차별 문제를 밀도 있게 다루지 않고 회피하는 선생님의 태도를 보고서도 그저 대수롭지 않게 넘어갔다면 어떻게 되었을까요? 또 '우리는 교육학을 배운 교육학자

나 전문가도 아닌데 교과서와 교구 등을 만드는 게 말이나 될까?'
하는 생각으로 도전하지 않았다면 어떻게 되었을까요? 아마도
『교실 인덱스』는 결코 세상에 나오지 못했을 것입니다.

혹시 여러분도 '이건 정말 말도 안 돼.', '이건 진짜 문제야.'라며
화가 나거나 잘못되었다고 느낀 일들이 있나요? 이를 두고 대충
넘기거나 피하지 않고 정면으로 맞서 문제를 해결하고자 방법을
고민한다면 분명 더 좋은 세상을 만들 수 있을 거예요.

한 자루의 총보다 더 위험한
혐오의 말 한마디

우리는 '평화'라는 단어를 들으면 왠지 전쟁이나 폭탄, 총 이런 것들이 없는 세상이 떠오릅니다. 전쟁이나 총 같은 건 사실 영화 속에서나 나올 법해 보이기도 합니다. 하지만 총보다 더 위험하고 무서운 것이 우리 사회의 공존과 평화를 갉아먹고 있습니다. 바로 우리 사회에 만연한 '혐오'입니다.

1. 혐오 표현은 왜 위험할까?

2018년 11월 중학생들이 저지른 학교폭력 관련 재판에서 다음과 같은 판결이 나왔습니다.

"개인의 특징 뒤에 벌레를 의미하는 '충蟲'을 붙인 '○○충'이라는 표현으로 동급생을 놀린 것은 학교폭력에 해당한다."

이날 판결에서 가해 학생은 "○○가 수업 시간에 어려운 용어를 쓰며 긴 설명을 해 친구들이 지루해했는데 저뿐만이 아니라 대부분의 친구가 모두 '설명충'이라는 표현을 했습니다."라고 변명을 늘어놓았습니다.

맘충, 설명충, 한남충, 급식충, 쿵쾅이, 똥꼬충, 빌거, 김치녀

요즘 우리 사회에서 많이 쓰이는 혐오 표현들입니다. 혐오는

'영혼의 살인'이라고 합니다. 인간의 가치를 떨어뜨리고 우스갯거리로 만드는 것이 혐오 표현의 기본적인 특징입니다. 이런 말을 들을 때 사람들은 모욕감과 멸시감을 느낍니다.

성별, 인종, 종교, 국가 등 상대의 정체성과 존엄성을 떨어뜨리는 표현은 말에서 그치는 것이 아니라 사람들의 행동과 사회 제도에까지 영향을 끼치기도 합니다. 실제로 '생리충', '한남충'이라는 단어를 계속 말하다 보면 무의식적으로 이성을 무시하게 되고, 나중에는 그것이 진짜 나의 생각이 되어 말과 행동으로 나온다는 것입니다. 그러다 어쩌면 범죄에까지 이를 수 있습니다. 그런 까닭에 유네스코에서는 혐오 표현을 '특정한 사회·인구학적 집단으로 구분되는 대상에 대해 위해를 가하도록 하는 선동(특히 차별, 적의 또는 폭력)을 옹호하는 표현'으로 정의하고 있습니다.

인류 역사를 살펴보자면, 독일의 히틀러 또한 유대인에 대한 맹목적인 혐오에서 시작해 민족 대학살을 자행했습니다. 혐오는 생각에서 출발해 실질적인 폭력(괴롭힘, 살인, 강간, 방화, 테러) 행위로 이어질 수 있기에 우리 사회에서 반드시 사라져야 합니다.

2. 혐오 민감성을 극대화하자

혐오 표현은 '친하고 편한' 사이에서 '장난'으로 하는 '재미있고 웃기는' 일이 아닙니다. 혐오 표현을 들었을 때 대부분 모른

척 넘어가거나 상황을 모면하는 데 급급합니다. 그것은 장기적으로 상황을 더 악화시킵니다. 그러니 이제는 정확히 표현하면 어떨까요?

  "그런 말, 정말 기분 나빠." 하고 말이에요.
  '남이 하면 혐오 표현, 내가 하면 웃기는 농담'이라는 생각을 버리고, 먼저 상대방의 관점에서 생각하고 말해 보세요. 또 혐오 표현이 왜 문제가 되며, 왜 기분이 나쁜지를 교실에서 공론화하는 것도 좋은 방법입니다.

6장

사소한 일상으로
세상의 힘이 되다

사소한 집안일로
희망이 샘솟는 우물을 만들다

1998년, 초등학교 1학년 수업 시간 라이언 레작Ryan Hreljac은 선생님에게서 아프리카 우간다Uganda의 많은 아이가 깨끗한 물을 마시지 못해 죽어간다는 이야기를 들었습니다. 우리는 수도꼭지를 틀고 정수기만 누르면 쉽게 구하다 못해 막 써버리는 물을 아프리카 아이들은 왕복 10킬로미터 이상을 걸어가야 겨우 얻어 올 수 있었던 것이죠. 어떤 아이들은 물을 구하러 매일 6시간 이상을 걸어 다녀야 해서 학교에 갈 시간도, 놀 시간도 없다는 것을 듣고 라이언은 충격을 받았습니다. 더 놀라운 것은 이렇게 고생 고생해서 겨우 구해 온 물이 너무나 더러워서 그 물을 마신 많은 친구들이 병에 걸린다는 사실이었습니다. 수많은 아프리카 아이들이 물에 있는 기생충 때문에 배가 부풀어 오르고 장티푸스 같은 질병으로 설사와 탈수 증상에 시달리거나 생명의 위협을 받는다는 사실도 알게 되었죠.

　선생님의 이야기를 듣고 라이언과 반 아이들은 기부금을 모았습니다. 동시에 우간다에 있는 앙골로 초등학교 아이들과 펜팔 친구를 맺었습니다. 라이언은 그 펜팔 친구에게 밤마다 잠도 제대로 못 자고 왕복 10킬로미터를 걸어서 물을 떠 온다는 이야기를 듣습니다. 그것도 흙빛이 된 더러운 물로 음식을 만들거나 빨래까지 한다고요. 얼굴도 못 본 친구들이지만 그들이 고생하는 것을 생각하니 마음이 아프다 못해 답답하고 화까지 났습니다.

　라이언이 친구를 도울 방법을 두고 깊은 고민에 빠져 있을 때, 선생님이 70달러 정도만 있으면 아프리카에 우물을 팔 수 있다고 말했습니다. 그 이야기를 들은 라이언은 70달러를 구하고자 며칠 동안 부모님을 졸라 댔습니다. 초등학교 1학년 아이에게 70달러는 큰돈이었습니다. 부모님은 라이언에게 우물을 파고 싶다면 자신의 힘으로 용돈을 벌라고 말합니다. 라이언은 그날부터 넉 달 동안 온갖 집안일을 거들어서 돈을 모았습니다. 이 어린 나이의 아이가 할 수 있는 집안일이 얼마나 될까요? 그런데 라이언은 넉 달 동안 청소기를 돌리고 창문을 닦고 정원을 청소해 75달러를 과자 상자에 저축했습니다.

　이렇게 모은 돈을 부모님과 함께 우물을 만드는 단체에 기부합니다. 하지만 실제로 아프리카에 우물을 파는 데 드는 돈은 70달러가 아니라 2천 달러(우리나라 돈으로 약 230만 원)나 되었습니다. 초등학교 1학년 아이에게는 70달러도 큰돈인데 하물며 2천 달러라니요! 하지만 라이언은 여기서 좌절하거나 포기하지 않고 2천 달러를 모으려고 합니다. 동시에 기회가 닿는 대로 자원봉사 모임, 교회, 학생 동아리 모임 등 어디든지 찾아가 우간다의 현실에 관해 이야기하고 동참해 달라고 호소합니다. 사람들을 설득하는 짧은 시간 동안 라이언의 스피치 실력은 자연스럽게 향상되었고, 그러다 보니 라이언의 이야기가 지역 신문에 소개되었습니다.

아프리카에 깨끗한 물을 선물하기 위한 라이언의 노력은 캐나다는 물론 이웃 나라인 미국의 한 신문에까지 소개가 되었고, 마침내 라이언은 세계적인 토크쇼인 '오프라 윈프리 쇼'에도 출연합니다. 이로써 더욱 유명해진 라이언은 2개월 만에 7천 달러를 모았고 기부금은 계속 들어왔습니다. 라이언은 2001년 3월, '라이언의 우물Ryan`s Well' 재단을 정식으로 설립합니다.

이후 라이언은 북미 지역의 '10대 소년 영웅'으로 선정되고 '캐나다의 영웅'이라는 별명으로 불리며 정부로부터 명예훈장을 받았습니다. 그리고 청소년 봉사 부문의 노벨상이라 불리는 '어린이 세계 설립자상World of Children Founder Prize'까지 받습니다.

라이언은 이후 대학교에 진학해 국제개발학과 정치학을 공부

아프리카에 수도 시설을 만들고 있는 라이언 레작

하고 졸업했습니다. 그는 국제사회에 더욱 많은 도움을 주고자 체계적으로 공부했습니다. 그리고 자신의 경험과 지식을 적절히 융합해 전 세계 곳곳에서 식수 문제와 시민운동의 중요성에 대해 강연하는 강연자로 우뚝 섰습니다.

현재까지 라이언은 백만 달러 이상을 모금해 아프리카 7개국을 포함한 개발도상국 8개국에 120여 가지의 물 위생 프로젝트를 만들어 지원했습니다. 또한 1998년부터 우물 740개와 화장실 990곳을 만들어 약 80만 명이 넘는 사람들이 깨끗한 생활을 누리도록 돕고 있답니다.

라이언은 재단 홈페이지에서 자신을 '보통의, 평범한 사람'이라고 소개합니다. 그저 남들보다 일찍 자신의 비전을 찾았을 뿐이라고요. 만약 라이언이 초등학교 1학년 때 아프리카 우간다의 소식을 한 귀로 듣고 흘려보냈다면, 그리고 70달러를 모으지 않았다면 어떻게 되었을까요? 아마 영화보다 더 영화 같은 라이언의 스토리를 우리는 만나지 못했을 것입니다.

재봉틀을 돌리며
고아들의 자립을 돕다

네하 굽타^{Neha Gupta}는 미국에 사는 인도인입니다. 네하는 어릴 때 할아버지, 할머니가 계신 인도를 자주 방문했는데, 그곳에서 할아버지, 할머니와 지내며 고아원에서 봉사활동을 했습니다. 이때 아이들 수십 명이 좁은 방의 차갑고 더러운 땅바닥에서 힘들게 살아가는 것을 봅니다. 그들은 배우고 싶어도 돈이 없어 학교에 가지 못했습니다.

네하는 먹을 것으로는 당장 배를 채울 수 있을지 몰라도, 제대로 된 교육 없이는 밝은 미래가 없으리라 생각했습니다. 그래서 고아원 친구들에게 교육을 받게 하고 싶었습니다. 네하는 단순히 불쌍하고 안타까운 마음만 느끼는 것을 넘어, 뭔가 구체적이고 실질적인 도움을 주고 싶어 주위에 도움을 요청했습니다. 그때마다 사람들은 네하에게 '이제 겨우 아홉 살인데 무엇을 할 수 있느냐'면서 어른이 되면 도움을 주라고 조언을 했습니다.

하지만 네하는 의지를 꺾지 않았습니다. 미국으로 돌아오자마자 인도의 고아원 친구들을 위해 돈을 모금했습니다. 그리고 '고아들에게 힘을 Empower Orphans'이라는 비영리단체를 주변의 도움을 받아 설립했습니다. 네하는 이 단체를 통해서 인도뿐만 아니라 미국의 소외 아동들의 교육환경 개선을 위한 다양한 활동을 펼쳤습니다. 그녀는 지구상 모든 아이가 교육과 의료 혜택을 받을 기회를 누려야 하며, 무엇보다 희망을 품을 수 있도록 해야 한다고 믿었습니다. 어떤 어린이든지 '의료, 교육, 희망' 이 세 가지만 있으면 무엇이든 할 수 있는 가능성이 열린다고요.

네하는 바자회를 열어 자신의 장난감, 카드 등을 팔았고, 학교, 공공기관 곳곳에서 인도 고아원의 열악한 환경을 알리는 캠페인을 열어 기부금을 마련했습니다. 네하는 총 37만 5천여 달러를 모아 인도에 도서관 5곳을 세우고 장서 1만 5,500권을 기증했습니다. 그리고 컴퓨터 시설, 과학 실험실도 세웠습니다. 특히 형편이 어려운 지역에 있는 한 학교에는 재봉 교실을 열고 재봉틀 50대를 제공했습니다. 여자 아이들이 기술을 배우면 돈을 벌 수 있고, 스스로 경제적인 기반을 마련하면 남자에게 의존하지 않고도 삶의 기회를 더욱 누릴 수 있으리라 생각했습니다.

네하가 세운 단체는 재봉 시설을 지원했을 뿐 아니라 안과와 치과 봉사활동을 통해 건강에 취약한 인도 어린이들을 도왔습니다. 어린이들이 깨끗한 물을 마실 수 있도록 우물을 파고 정수시설도 마련했습니다. 또 수천 명 아이에게 음식, 의류, 담요 등의 생필품을 제공했습니다. 그녀는 이 사업을 미국의 필라델피아까지 확대하여 저소득층에게 필요한 물품을 전달했고 고아와 학대 피해 아동들에게도 장난감과 음식을 제공하였습니다.

미국의 펜실베이니아주에서는 소아마비 수술을 지원하는 한편, 트럭 100대 분량의 생활용품을 나눠줬고, 5천 명이 넘는 아기들에게 기저귀를 제공하기도 했습니다. 네하가 세운 '고아들에게 힘을'이라는 단체는 지금껏 2만 5천 명 이상의 어린이들을 도왔습니다.

이렇게 어마어마한 규모의 나눔을 어린 소녀가 했다는 사실이 믿어지나요? 네하는 아직 어려서 아무것도 할 수 없을 거라는 주변 사람들의 편견과 고정관념을 아주 통쾌하게 부수었습니다. 이런 활약으로 네하는 2009년 13세의 어린 나이로 국제평화상을 수상하고, 2014년 18세가 되는 해에는 키즈 라이츠 어린이 평화상을 수상합니다. 하지만 네하는 이렇게 화려한 상을 탔을 때보다 자신이 누군가의 인생에 희망을 주고 변화를 일으켰을 때 가장 행복하다고 합니다.

네하는 몇 년 전 자신이 세운 기관에서 재봉교육을 받고 재봉틀까지 받은 소녀의 집을 방문한 적이 있습니다. 다섯 식구와 단칸방에 사는 소녀는 재단에서 제공한 교육 덕분에 재봉사로 일하며 돈을 벌어 가족이 잘 지낼 수 있게 되었다고 했습니다. 돈을 벌게 되니 난생처음 집에서 전기를 쓸 수 있다고 기뻐하기도 했습니다. 전기가 들어오니 밤에도 불을 켤 수 있어 남동생은 그 불빛 아래에서 열심히 공부를 해 전기기사 자격증을 땄다고도 했지요! 소녀는 남동생과 함께 열심히 돈을 벌어서 집안을 일으킬 테니 잘 지켜보라고 했습니다.

네하는 어린 나이임에도 다른 사람의 인생에 커다란 희망을 주었다는 사실에 말로 표현할 수 없는 큰 기쁨을 느꼈습니다. 비영리단체 활동으로 세상을 바꾸는 것이 얼마나 중요한지 배웠다고 합니다. 그녀는 이제 사람들에게 당당히 말합니다.

"세상 모든 사람은 사회를 바꿀 힘이 있어요. 우리는 이런 힘으로 지구촌이 직면한 여러 문제에 맞서 싸워야 합니다."

김남규

사진을 사랑하는 소년,
어르신들의 영정사진을 찍다

대한민국의 청소년들은 어떤 마음가짐으로 봉사활동을 할까요? 솔직히 말해 우리나라의 고등학생들은 입시를 위해 마지못해 봉사활동을 하는 실정이랍니다. 하루 종일 학교 수업을 듣고 방과 후와 주말에는 사교육까지 받느라 정말 바쁜 게 현실이니까요. 일 년에 네 번 있는 내신 시험 기간엔 아무것도 할 수 없을 만큼 여유가 없답니다. 이런 상황에서 봉사는 그저 시간 채우기에 급급한 것이 대한민국 10대의 현실이랍니다. 그런데 이렇게 '빡쎈' 대한민국 현실에서 즐겁고 멋지게 봉사를 기획하고 운영한 학생이 있습니다.

김남규는 고등학교 1학년 여름에 많은 어르신이 영정사진을 찍고 싶어도 비싼 비용 때문에 포기한다는 뉴스를 접했습니다. 그 순간엔 그저 '안타까운 소식이네' 하는 생각만 들었습니다. 그런데 뉴스를 본 지 얼마 되지 않아 친할머니가 돌아가셨습니다. 남규는 할머니의 영정사진으로 쓸 사진을 찾으려고 쩔쩔매는 부모님의 모습을 보았습니다. 생전에 찍은 사진이 많지 않았던 할머니였기에 마땅히 쓸 영정사진이 없었던 것입니다. 그때 남규는 우리 할머니 같은 어르신들을 위한 사진 촬영을 해야겠다고 결심합니다.

'난 사진 찍는 걸 좋아하니, 내가 직접 영정사진을 촬영해 드리면 어떨까?'

남규는 청소년들이 참여할 수 있는 사진 촬영 봉사를 알아보았습니다. 하지만 비용이 많이 들고 전문성이 요구되는 탓에 쉽게 참여하기 어려웠습니다. 할 수 없이 영정사진 봉사를 접어야 하는 아쉬운 마음이 들었지만 포기하고 싶지 않았습니다. 갑작스럽게 세상을 떠난 할머니가 계속 생각났기 때문이죠.

그렇게 남규는 자신이 직접 봉사활동 단체를 만듭니다. 그리고 단체의 이름을 '청소년 장기 프로젝트'로 정합니다. '청소년 장기 프로젝트'는 봉사에 관심이 많은 청소년이 자발적으로 모여 이뤄진 청소년 봉사 단체로 어른들의 개입 없이 청소년들만 모여, 그들만의 시각으로 봉사를 기획하고 진행하는 단체입니다.

청소년 장기 프로젝트의 첫 번째가 바로 '독거노인 어르신을 위한 영정사진 촬영'이었죠. 이 프로젝트에는 사진 찍는 걸 좋아하고 메이크업에 관심이 많은, 그리고 어려움에 처한 누군가를 위해 일하고 싶은 중·고등학생 28명이 참여했답니다.

프로젝트 팀은 영정사진 촬영을 하고자 전국 각지 요양원에 일일이 전화를 돌렸습니다. 처음에는 50곳에 전화를 했는데 40곳 이상이 거절했습니다. 어른들은 '아직 어린 학생들이 얼마나 잘하겠어?' 하는 우려 섞인 눈길을 보냈습니다. 그러나 가장 큰 문제는 봉사를 운영하고 진행할 비용이었습니다. 아직은 후원금이 없었기에 남규와 팀원들은 거리에 부스를 마련해 전단지를 배포하며 홍보하고 모금 활동을 했습니다. SNS를 통해서도 영정사진 촬영에 필요한 금액을 기부받을 수 있었습니다.

'두드리면 열린다'고 했지요. 때마침 영정사진을 촬영하는 청소년 장기 프로젝트가 언론에 소개되면서 NGO 단체와 사진 장비 대여업체에서 액자와 장비를 지원받게 되었습니다. 드디어 2017년 5월 20일 인천의 한 요양원에서 영정사진 촬영 봉사를 시작합니다. 그 후에도 총 다섯 번의 봉사를 통해 300여 분의 어르신들에게 영정사진을 촬영해 드렸답니다.

모든 과정이 수월했던 것은 아닙니다. 청소년이 요양원에서 영정사진을 촬영하는 것을 부정적으로 바라보는 사람들도 있었고,

어르신들의 영정사진을 찍고 있는 김남규

이들의 봉사활동에 무관심한 사람들도 많았기에, 후원금 모금 활동에 애를 먹었습니다. 또 봉사하는 친구들이 고등학생들이라 입시와 학업으로 인한 시간 관리도 무척 중요했습니다. 하지만 프로젝트 팀은 나름의 원칙을 세워 현명하게 조절했습니다. 중간·기말고사 한 달 전부터는 온라인 단체 채팅 회의를 전면 중단하는 등의 방식으로 시험 기간에 충실히 학생의 본분 또한 다했습니다.

그와 봉사자 친구들은 모든 활동 과정을 다큐멘터리로 제작했습니다. 4개월 동안 영정사진 프로젝트의 기획부터 실제 진행까지 모든 것을 스스로 하는 모습을 담은 다큐멘터리를 만들어 SNS

에 적극 홍보한 것이죠.

학업에 집중하면서 전국 단위로 봉사를 진행하기가 쉽지는 않았지만, 100여 명의 청소년들은 영정사진 봉사를 하며 청소년도 충분히 주체적으로 어떤 행사를 기획하고 체계적으로 운영할 수 있다는 것을 몸소 증명했습니다.

한편으론 정말 살아 있는 인생 공부를 했습니다. 아직 인생의 '봄'을 보내는 10대 청소년들이 어르신들의 삶의 마지막 순간을 사진에 담으며 무엇을 느끼고 배웠을까요? 처음에는 서먹하고 어색했던 할아버지, 할머니였지만 시간이 지나면서 진정성 넘치는 소통을 통해 진짜 살아 있는 공부가 되었습니다.

'청소년 장기 프로젝트'는 2017년 12월에 정식 법인으로 승인받으며 입시로 인한 경쟁과 스트레스 속에 살아가는 청소년들도 체계적이고 참된 봉사를 할 수 있다는 것을 사람들에게 확인해 줬습니다. 입시와 스펙 쌓기를 위한 봉사를 넘어서 진심으로 즐거워하고 행복해하는 봉사 활동을 진행한 남규와 친구들은 앞으로는 미혼모 시설을 방문하여 아기들의 돌 사진 촬영 봉사를 할 계획입니다. 그래서 청소년 장수 프로젝트는 다양한 사진 봉사를 통해 더 따뜻한 사회를 만들어 가고자 합니다.

레미 스미스

요리에 홀릭된 꼬마 요리사,
청소년 건강 전도사가 되다

요즈음 우리나라 학생들에게 장래희망을 물어보면 자주 언급되는 인기 직업이 있습니다. 바로 쉐프, 요리사입니다. 초등학생부터 고등학생까지 요리사는 모두 10위 안에 들어 있습니다. 초등학생의 경우 4위라는 높은 순위를 기록했습니다. 요리사들이 등장하는 프로그램부터 맛집을 탐방하는 프로그램, 그리고 1인 방송의 다양한 '먹방'까지 음식과 요리 관련 콘텐츠가 인기가 많다 보니 자연스럽게 요리와 관련된 꿈을 가진 청소년들이 늘어났습니다.

그런데 어른이 되어서 꿈을 이루겠다고 미루는 것이 아니라 어린 시절부터 요리 방송을 하고 책도 내고 사업까지 한 소녀가 있습니다. 여기서 더 나아가 어린이와 청소년이 비만을 이겨내고 건강한 식사를 하도록 돕기까지 합니다. 바로 미국의 열아홉 살

레미 스미스^{Remmi Smith}입니다.

레미는 일곱 살 때부터 요리를 시작했습니다. 처음에는 그저 요리가 좋아서 단순하게 엄마와 함께 음식을 만드는 영상을 찍어 올렸습니다. 그런데 즐겁게 요리하는 꼬마요리사의 영상이 점점 인기를 끌자 지역 케이블 방송사에서 연락이 왔습니다. 이때부터 레미는 자신만의 재미있는 방식으로 영양가 있는 요리를 뚝딱 잘 만들어 내는 꼬마요리사로 방송에 출연하기 시작합니다.

이후 이 방송은 한 주립대학교 예술프로그램과도 제휴를 맺어 학생들이 쉽고 재미있게 요리를 배울 수 있는 콘텐츠로까지 발전합니다. 레미의 TV 프로그램 'Cooktime with Remmi'는 사람들에게 인기를 끌었고, 방송을 계기로 미국 최대 규모의 케이터링 회사의 홍보모델로 활동도 하고 함께 어린이를 위한 메뉴 연구도 하게 된답니다.

그런데 레미는 단순히 음식만 만드는 요리사가 아닙니다. 레미는 어떻게 하면 어린이와 청소년이 맛있는 건 기본이고 더불어 안전하고 영양가 높은 식사를 할 수 있을까를 항상 생각하고 고민합니다. 특히 어린이와 청소년들이 패스트푸드, 정크푸드 등에 무방비 상태로 노출되어 발생하는 비만과 소아 성인병 문제를 해결하고자 노력하고 있습니다.

레미는 어린이와 청소년도 건강한 먹거리에 관심을 가진다면 멋진 요리를 만들 수 있다고 주장합니다. 그래서 재미있게 요리하는 방법을 넘어 건강한 식생활 습관과 영양을 파괴하지 않는 조리 기술까지 알려 줘 아이들이 스스로 자신의 건강을 더 깊이 생각하도록 노력하고 있습니다.

레미는 방송과 자신의 SNS를 통해 기아와 비만이 어떤 관련이 있는지에 대해 교육하기도 합니다. 굶주려 배고픈 아이들, 칼로리만 높지 정작 영양가가 없는 부실한 음식에 노출된 아이들을 위해 자신의 목소리를 냈습니다. 레미의 이러한 메시지가 담긴 동영상은 미국 4천여 개 학교의 350만 명 학생들이 시청하면서 큰 효과를 거두고 있습니다. 그리고 그녀는 미국에서 가장 규모가 큰 급식 회사에 속한 500여 명의 요리사와 일하기도 했습니다. 그들과 함께 4천여 곳의 학교 식당에서 좀 더 맛있고 영양학적으로 우수한 급식이 제공되도록 연구한 것이죠. 레미는 스스로 호기심을 갖고 질문하며 적극적으로 해결책을 내고자 하는 긍정적인 마인드를 잃지 않았습니다.

'요즘 시대에는 맞벌이하는 부모들이 정말 많은데 일하느라 바쁜 부모들이 편리하고 저렴하다는 이유로 패스트푸드를 선호한다면 어떻게 해야 할까? 패스트푸드보다 더 편리하면서 건강한 음식을 제공한다면 어떨까?'

이 질문에 대답하고자 레미는 'Chef club Box'라는 회사를 만들 었습니다. 'Chef club Box'는 아이들에게 건강한 간식을 제공하는 서비스로 부모님들이 원하는 곳이라면 어디든지 배달해 주는 회 사랍니다. 예쁘고 큰 상자에 맛과 건강이 조화된 간식을 가득 담 아 배달하는 이 서비스는 부모는 물론 아이들에게도 인기가 많다 고 합니다. 아동 비만 문제를 해결하고자 스스로 많은 질문을 던 지고 답을 생각했기에 이런 사업체까지 세우게 된 것이지요.

또 레미는 2013년도에 아이들이 전 세계 다양한 음식을 통해 각각의 개성 있는 문화를 알 수 있도록 『어린이를 위한 세계요리 Global Cooking for Kids』라는 책을 출간하기도 했습니다. 아이들이 문화 의 다양성을 잘 이해하도록 친근한 음식으로 아이들의 눈높이에 맞춰 다가간 것이지요.

요리사, 요리 연구가, 사업가, 작가 이외에 레미는 또 다른 의미 있는 일을 합니다. 바로 '청소년 멘토'랍니다. 사업을 준비 중인 청소년과 청년들이 사업에 관한 아이디어와 조언을 부탁하면, 레 미는 자신의 경험을 바탕으로 사람들의 필요를 만족시킬 아이디 어를 함께 고민하고 해결책을 제시합니다. 레미는 사업뿐만 아니 라 자신과 같은 청소년이 꿈을 이룰 수 있도록 강연과 연설을 하 며 함께 토론하기도 합니다.

레미는 어떻게 이렇게 많은 일을 할 수 있게 되었을까요? 그저 요리를 좋아하던 한 소녀가 자신의 한계를 정하지 않고 쭉쭉 성장해 나갔더니 이렇게 많은 일을 이뤄낸 것입니다.

무엇보다 레미가 특별한 이유는 바로 '질문'할 줄 아는 능력입니다. '지금 사람들에게 필요한 것이 뭘까' 스스로 묻고 또 답을 찾습니다. 그리고 여기서 멈추지 않고 바로 실행으로 옮기는 레미의 열정이 세상에 빛을 발한 것입니다.

자동차 덕후,
뺑소니 사건까지 해결하다

　　한 소년이 흐릿한 CCTV 영상 속에서 아주 희미하게 찍힌 자동차 불빛만 보고 특정 차종을 알아맞혔습니다. 마치 셜록 홈즈가 실제로 존재한다면 이럴까 싶을 정도로요. 20년 경력의 경찰서 교통관리계장도 어린 소년의 능력이 놀라워 탄성이 터져 나왔습니다.

　　"제가 뺑소니 사고 조사만 20년 넘게 했는데 심야에 일어난 사고는 블랙박스나 CCTV 화면만 보고 차를 알아맞히는 게 정말 어렵습니다. 그런데 대단하네요."

　　이 소년은 우리나라에 사는 열한 살 김건입니다. 건이가 경찰서에서 CCTV 녹화 영상을 보고 있는 이유는 뺑소니 사고 해결에 도움을 주기 위해서입니다. 건이는 자동차를 사랑하는 자동차 덕후로 휠이나 라이트 등 자동차의 일부 사진만 보고도 차종을 단

번에 알아맞힙니다. 그래서 주로 블랙박스와 CCTV만으로 수사해야 하는 경찰서 뺑소니 사고 전담반의 경우 건이의 도움이 필요합니다. 건이가 정보를 준 덕분에 경찰은 1년 넘게 범인을 못잡았던 미제사건의 뺑소니 사고 범인을 검거하기도 했습니다.

건이는 2016년 SBS 〈영재발굴단〉이라는 프로그램에 나오면서 유명해졌습니다. 학교에 갔다가 집에 오자마자 2시간 동안 자신의 보물 상자에서 미니카 1400대를 주섬주섬 꺼내 늘어놓는 것은 기본이고, 자동차에 대하여 끊임없이 기록하고 암기합니다. 사람들은 어린아이가 흐린 날씨나 비 오는 날에도 28층 높이의 아파트 위에서 내려다본 자동차의 지붕만 보고도 어떤 차종인지 금방 알아보는 능력에 놀라워했습니다.

건이의 보물 1호는 그가 모은 1400대 이상의 미니카입니다. 건이는 자동차를 단순히 수집만 하는 게 아니라 자동차를 공부하기까지 합니다. 차량의 출력과 연비 등 상세한 정보를 외우고 있어 자동차에 관해서는 박사급 지식을 보유한 자동차 덕후라고 할 수 있지요. 자동차 덕후로서 건이가 얻은 유익한 점이 또 있습니다. 바로 놀이가 학습으로 발전해 지능까지 향상되었다는 것입니다. 건이는 IQ 테스트 결과, 영재로 확인되었는데 그중에서도 빠르게 알아내고 기억하고 판단할 수 있는 '작업 기억 능력'과 '처리 속도'가 굉장히 높게 나와 사람들을 놀라게 했습니다. 건이의 부모님

뺑소니 사건의 차량을 알아맞히는 자동차 덕후 김건

도 건이가 공부를 못해서 영재일 줄은 몰랐다고 말해 더욱 화제
가 되었습니다.

방송 출연 이후 건이는 자신이 좋아하는 자동차 공부를 더 열
심히 하고 있습니다. 건이의 자동차 덕후 능력이 세상을 이롭게
만드는 데 큰 도움을 주고 있기 때문이지요. 그 덕분에 건이는 경
찰서에서 여러 번 표창장을 받았습니다. 또 세계적으로 유명한
자동차 브랜드의 광고까지 찍었습니다. 그렇지만 건이에게는 이
보다 더 큰 소원이 있습니다.

"대한민국의 뺑소니가 모두 사라지면 좋겠어요."

　자신이 좋아하는 것을 포기하고 여느 아이들처럼 학원에 다니면서 문제집만 풀었다면 건이는 자신의 잠재력과 가능성을 확인할 수 없었을지도 모릅니다. 건이는 자신의 재능을 사회에 기부해 문제를 해결하는 데 보탬이 되기까지 합니다.

　여러분도 자신이 좋아하는 것이 있다면 절대 무시하지 마세요. 관심 가는 것에 용기를 내어 푹 빠져 보세요. 혹시 아나요? 나의 흥미와 재능으로 세상을 더 아름답게 바꿀 수 있을지 말이에요!

미래의 직업을 준비하는
봉사활동

대부분의 대한민국 청소년은 입시를 위한 봉사활동을 하고 있습니다. 시간이 부족하고 해야 할 공부가 넘쳐나는 탓이죠. 하지만 봉사활동 사이트나 기관에서 찾을 수 없는 봉사일지라도, 또 학생부에 기록되지 않아 인정받지 못하는 활동이라도, 만약 자신의 관심사나 진로와 관련해서 하고 싶은 무언가가 있다면 일단 시도해 보는 것을 추천합니다. 진로를 구체화하면서 자연스럽게 봉사도 할 수 있어 일석이조랍니다. 또 꿈이 없는 친구들에게 꿈을 찾는 방법이 되기도 합니다. '타인의 유익을 위한 활동'이야말로 자존감과 행복감을 높이는 최고의 방법이며, 열정을 쏟아부을 대상을 찾았을 때 이것이 자신의 꿈과 연결되기 때문이죠.

봉사는 그리 엄청난 노력이 드는 건 아니야

우리가 만난 많은 친구들을 자세히 살펴보면 봉사는 엄청난 신념이나 재능이 넘치는 사람만 하는 게 아니란 걸 발견할 수 있습니다. 또 시간적 여유와 돈이 넘치는 사람만 하는 것도 아닙니다. 그저 내가 가진 소중한 무언가를 함께 나누고자 하는 삭은 마음에서 비롯됩니다.

'나는 무엇을 좋아하고 잘하며, 이것을 어떻게 나눌 수 있을까?'

앞에서 살펴본 김건 학생은 자신의 자동차 '덕력'으로 뺑소니 사고 용의자들을 잡아 '용감한 시민상' 표창장을 여러 번 받았습니다. 내가 좋아하고 잘하는 것을 나누면 이렇게 사회에 끼칠 수 있는 선한 영향력의 씨앗이 된답니다.

'봉사'는 남을 돕는 거라고 생각하기 쉽지만 오히려 나에게 큰 이익이 됩니다. 자신의 작은 봉사가 상대방에게 큰 힘이 되고, 그것을 보는 내가 보람과 기쁨을 느끼는 것이죠. 이런 벅찬 감정은 오직 봉사를 하며 경험한 이들만이 느낄 수 있습니다. 또 봉사만큼 우리를 전면적으로 성장시키는 것도 드물답니다. 그렇다면, 이제 작은 봉사부터 시작해 볼까요?

나의 재능을 어떻게 기부하면 좋을까?

콘서트나 전시회 등 자선행사를 개최하는 것도 창의적인 열정을 실천하는 방법입니다. 저도 중학생 때 밴드부 활동을 하면서 '결식아동 돕기를 위한 사랑의 콘서트'에 참가했습니다. 어른이 된 후에도 그때의 그 충만한 열정과 가슴 떨림은 잊을 수가 없답니다. 만약 여러분이 음악을 좋아한다면 '나눔 콘서트'를 해 보는 것은 어떨까요? 대중가요, 클래식, 댄스, 퍼포먼스 등 어떤 모습이라도 상관없답니다. 행사를 무료로 열고 참석한 사람들에게 기부금을 요청해 보세요. 또 미술에 재능이 있다면 직접 그린

그림이나 카메라로 찍은 사진, 내가 만든 제품을 만들어 팔고 기부금을 받아 어려운 곳에 전달하는 것도 좋은 방법입니다.

단, 중요한 것은 이 자선행사를 여는 목적이 무엇인지, 그리고 기부금이 어디에 어떻게 쓰일지 확실하게 알려야 한다는 것입니다. 학교, 종교단체, 각 지역의 청소년 관련 기관에서 행사를 열 수 있습니다. 이런 자선행사는 어떻게 지역사회에 알리느냐가 중요한데요. 영향력 있는 어른들에게 홍보를 부탁드려도 좋고 SNS를 활용하는 것도 좋습니다. 최대한 많은 사람이 모일 수 있도록 게임이나 경품 참여 등 매력적인 이벤트를 기획하면 더 좋겠지요. 이 과정이 여러분의 창의성과 문제해결력, 그리고 협업 능력을 키우는 큰 공부임을 잊지 마세요.

7장

이웃집 절친,
영웅이 되다

새로운 시대에는
새로운 영웅이 필요한 법이니까

우리 사회를 살펴보면 '공부의 신'은 정말 차고 넘칠 만큼 많습니다. 그런데 놀랍게도 '창의성의 신', '도전의 신', '봉사의 신' 등은 찾아보기 어렵답니다. 이런 사회 속에서 대한민국 청소년 대부분은 슬프게도 기형적인 두 모습을 보입니다. 바로 성공만 보고 달려가는 '레밍'과 무기력한 '좀비', 이렇게 말이죠.

스칸디나비아에 사는 들쥐 레밍은 '죽음의 질주'를 합니다. 앞의 쥐들이 뛰기 시작하면 뒤의 쥐들도 그 쥐를 따라 경쟁적으로 뜁니다. 무리 지어 하루 종일 뛰다가 절벽까지 이르러도 멈추지 못하고 대부분 떨어져 죽는데요. 앞에 있던 쥐가 떨어져 죽는데도 뒤쪽 쥐들은 아무 생각 없이 따라 뛰다가 함께 죽는다고 해요. 그런데 왜 이렇게 열심히 달릴까요? 이유는 없습니다. 남들이 뛰니깐 그저 따라 뛰는 거예요. 앞선 쥐들은 뒤따라오는 쥐들이 두려워서 열심히 뛰고, 뒤따르는 쥐들은 앞을 따라잡기 위해 죽을 힘을 다합니다.

경쟁 자체에만 푹 빠진 나머지 정작 '왜 달리는지', '무엇을 위해 달리는지' 그 본질을 잊고 무작정 열심히 하는 경우를 레밍에 비유해 볼 수 있습니다. 치열한 경쟁에서 사람들은 미친 듯이 달리고 있어요. 그 결과 좌절과 실망만이 지친 어깨를 더욱 짓누릅니다.

'인서울in Seoul 대학은 나와야 된다 → 나는 인서울 대학이 아니다 → 이생망! 이번 생은 시작부터 망했다.'라고 생각합니다. 그리고 인서울 중에서도 선호하는 학교가 SKY라면 'SKY대는 나와야 잘 되는데 → 나는 SKY대가 아니다 → 나는 시작부터 망했다.'라며 좌절합니다. 대한민국 10대 대부분의 생각일 것입니다.

우리는 굳이 늘 나보다 나은 무언가와 비교하고 열등감에 휩싸여 자신을 궁지로 몰아넣기 바쁩니다. 그러다 보면 삶이 우울하고 어두울 수밖에요. 이제는 이런 생각들을 그만둬야 합니다. 그렇지 않으면 자기 삶의 주인으로 살 수 없습니다.

이제 좀비를 살펴볼까요? 좀비는 레밍과 반대로 시체같이 무기력한 경우입니다. 좀비의 특성은 하고 싶은 게 딱히 없다는 것입니다. 주로 게임과 스마트폰에 몰두하며 방구석 라이프를 즐기죠. 즉, 게으름이 아주 몸에 장착되어 있습니다. 이들의 특기는 '잠'입니다.

또 이런 생각이 정말 강합니다. '어차피 해도 안될 거 왜 하는 거야?' 처음부터 이런 생각에 지배된 건 아니었는데 어느 순간부터 부정적인 생각과 함께 불평과 불만이 많아졌습니다. 이들은 "짜증 나", "하기 싫어"라는 말을 입에 달고 삽니다. 좀비는 무기력하기에 어떤 시도조차 하지 않고 힘든 상황이 닥치면 쉽게 포기해 버립니다. 좀비 친구들에게 가장 행복할 때가 언제냐고 물으면 "게임할 때, 잠잘 때"라는 답이 가장 많이 나옵니다.

그런데 이들은 왜 게임에 빠질까요? 게임이야말로 '자기 주도적 활동' 그 자체이기 때문입니다. 억눌린 일상과 달리 게임 안에서는 누구보다 굉장히 주체적인 사람이 되고 주인의식을 발휘할 수 있습니다. 좀비 친구들은 마음과 달리 단 한 번도 자신의 삶을 주도해 본 적이 없습니다. 한때는 자신 안에 무언가가 꿈틀대서 이것저것 주도적인 활동을 해 보고도 싶었습니다. 하지만 공부 말고는 다 쓸데없는 짓거리라는 비난을 많이 받은 탓에 이제는 주도적인 활동이 무엇인지조차 모르는 상태가 되었습니다. 평소 성적과 경쟁에 억눌린 감정을 즐거운 자기 주도적인 활동에서 발산해야 하는데, 활동이 부족하다 보니 게임과 스마트폰에만 빠져들어 좀비가 된 친구들이 많습니다. 우리나라 청소년들이 레밍과 좀비로 가득 찬 또 다른 이유도 있습니다. 어른들이 이런 말을 입에 달고 살기 때문이죠.

"쓸데없는 짓 하지 말고 그냥 공부나 해."

공부 외에 다른 활동은 다 '쓸데없는 짓'이 되어버렸기 때문입니다.

이제 세상이 변했습니다. 인공지능이 병을 진단하기도 하고, 신문기사도 쓰고, 3D 프린터가 요리도 합니다. 일반인이어도 사회적 물의를 일으키면 인터넷에 신상이 탈탈 털리는 시대입니다. 얼마나 많이 변했는지 여기서 구구절절 말하지 않겠습니다. 확실한 건, 이제 더 이상 엉덩이에 종기가 나도록 문제집만 풀고 달달 암기만 하는 공부는 우리의 미래를 책임지지 못한다는 것입니다. 그런 인재는 인공지능과 로봇에 대체될 가능성이 큽니다.

우리가 살고 있는 세상은 '초연결 세상'입니다. 세계는 환경오염, 질병, 전쟁과 테러, 난민, 빈곤 등 다양한 문제를 안고 있습니다. 신종 코로나 바이러스 팬데믹을 봐도 알겠지만 한 나라에만 국한되지 않고 전 세계가 함께 나서야 할 문제들이 점점 늘어나고 있습니다. 온라인은 어떤가요? 오프라인보다도 더욱 시·공간의 한계 없이 전 세계가 연결되었습니다. 이런 세상에서는 이제 '다른 영웅'이 필요합니다. 내가 사는 지역의 공동체 문제부터 전 세계의 문제까지 해결할 수 있는 용기 있고 창의적인 인재가 바로 그 '다른 영웅'이 될 것입니다.

슈퍼히어로는 명문대 지구구조학과를 나왔을까?

아이언맨, 슈퍼맨, 캡틴 아메리카 등 지구를 구한 슈퍼히어로들은 지구를 구할 수 있는 자격증이라도 가지고 있을까요? 이들은 모두 명문대 지구구조학과를 나왔을까요? 슈퍼히어로는 명문대 학위도 없고 공식 자격증도 없지만 자기만의 초능력과 각종 무기로 지구를 잘 지켜냅니다. 그런데 우리는 고정관념에 휩싸여 인서울 대학교에 가지 못하면 의미 있는 멋진 일은 커녕 그 어떤 것도 제대로 할 수 없다고 생각합니다. 세상을 변화시키는 멋진 일을 하려면 좋은 성적을 받아 좋은 대학에 들어가야만 할 수 있다고 말이죠. 다른 방식으로 시도하고 성공할 수도 있는데 말이에요.

'영웅은 타고나는 것'이라고 사람들은 흔히 생각합니다. 어린 시절 동경했던 슈퍼히어로들을 떠올려 볼까요? 유달리 착해서 불쌍한 사람들한테 옷과 신발을 벗어주거나 먹을 것을 주기도 합니다. 또 얼마나 용기가 넘치는지 죽음을 불사르고 옳은 일을 위해 희생하고 헌신합니다. 영웅들을 보면 나랑은 다른 정말 별세계 사람들 같습니다. 이들을 보면 훌륭한 사람은 아무나 되는 것이 아니라 정말 특별한 사람만 되는 것 같습니다.

그런데 자세히 살펴보면 영화 속 슈퍼히어로들은 모든 것이 완벽하지 않습니다. 아이언맨의 과거를 볼까요? 그는 멋있기도 하지만 때로는 자기중심적인, 약간 재수 없는 스타일입니다. 말이 군수산업이지 무기 거래상이기도 했으니까요.

스파이더맨 역시 거미에 물리기 전엔 그저 가난한 고등학생이었고, 캡틴 아메리카는 내면은 멋졌지만 군대에 가고 싶으니 제발 받아달라고 아무리 말해도 외모가 왜소하고 볼품이 없어 거절당했던 사람입니다. 그런데 이들 모두는 어떻게 되었나요? 결국은 사람들에게 사랑받는 슈퍼히어로가 되었습니다.

이들 슈퍼히어로의 공통점이 한 가지 있습니다. 슈퍼히어로가 처음부터 타고난 것은 아니라는 사실입니다. 끊임없이 자신을 성찰하면서 뼈를 깎는 훈련과 배움의 연속으로 영웅이 된 것입니다. 이들은 자신의 부와 명예가 아닌 인류의 평화를 위해 자신을 희생했고, 계속해서 스스로를 성장시켜 나갔습니다. 하루아침에 슈퍼히이로가 된 사람은 아무도 없습니다.

우리 옆집에는
영웅이 산다

한 초등학생이 장래희망으로 '아이언맨'이 되겠다고 발표했습니다. 친구들은 야유를 퍼부었습니다. 그런 건 영화 속에나 존재하는 것이라고 그 친구를 놀려 댔습니다. 그때 저는 그 친구에게 충분히 아이언맨이 될 수 있다고 답해 주었습니다.

"어떻게 알았지? 미래에는 아이언맨 슈트와 비슷한 옷이 개발된다고 들었거든."

그랬더니 순간 교실에 정적이 흘렀습니다.

"문제는 아이언맨의 슈트가 아니라 그 슈트가 만들어졌을 때 아이언맨처럼 행동할 수 있는가 하는 거야. 슈트는 만들어졌는데 진짜 아이언맨 옷을 입을 수 있는 사람은 얼마나 될까? 진짜 아이언맨이 되려면 필요한 게 뭘까?"

이제 미래에는 아이언맨 슈트 정도는 흔할 것입니다. 그런데 문제는 슈트가 아니라 슈트를 입을 수 있는 '자격'을 갖춘 사람이

영화 〈아이언맨〉의 주인공

필요합니다. 아이언맨은 슈트가 아니라 악당을 물리쳐 지구를 지키려는 그 사명감과 헌신적인 활동이 본질이죠. 정작 슈트는 개발되었는데 그걸 입을 만한 사람이 없다는 것이야말로 참으로 안타까운 일이 아닐까요? 사실 '아이언맨'이라는 꿈을 적고 발표한 아이의 숨겨진 열망은 '지구의 평화를 지키고 싶다'였습니다. 그 꿈을 이루는 방법의 하나를 '아이언맨'이라고 여긴 것이죠. 만약 아이언맨이 될 수 없다 하더라도 어른이 되었을 때 국제기구에서 인류의 더 나은 삶을 위해 일할 수도 있습니다.

물론 영화와 현실 세계는 다릅니다. 멀리서 세상을 그저 바라만 보는 것과 그 세상에서 부대끼며 치열하게 살아가는 것은 전혀 다른 이야기지요.

그렇다면 현실에서 볼 수 있는 영웅은 어떤 사람일까요?

어려움에 부닥친 사람을 나 몰라라 하지 않고 위험을 무릅쓰고 도와준 시민, 자신이 속한 공동체를 지켜내기 위해 애쓰는 경찰, 지독한 가난을 이기고 자신의 꿈을 이뤄 남에게 또 다른 희망을 주는 사람, 모두가 고칠 수 없다는 데도 포기하지 않고 환자를 치료하는 의사, 권력과 돈과 불의에 타협하지 않고 정의를 추구하는 사람, 자신이 다치고 어려움을 당할 수도 있는데 타인을 위해 수고한 사람, 지치고 힘겨운 고된 삶에서도 가족을 먹여 살리는 부모님. 사실 이들 모두가 우리가 일상에서 만나는 영웅이 아닐까요?

나처럼 평범한 사람도 영웅이 될 수 있을까?

1단계: 꿈이 없어도, 삐딱해도 괜찮아

영웅 이야기는 평범한 주인공의 평화로운 일상으로 시작됩니다. 그런데 이 평범한 주인공의 안락한 삶에 어떤 문제가 생기죠. 주인공은 문제를 해결하고자 도전과 모험을 시작합니다. 그런데 만약 주인공이 문제를 문제로 여기지 않고 그냥 안주해 버린다면 어떻게 될까요?

혹시 시금치만 먹으면 힘이 불끈 솟아나는 뽀빠이를 아나요? 이 뽀빠이는 올리브가 "도와줘요, 뽀빠이!" 하고 외치면 시금치를 먹고 위험에 빠진 올리브를 구해낸답니다. 어떤 문제와 마주쳤을 때 사람에게는 본능적으로 문제를 해결하고자 하는 열망과 창의력이 솟아나는데 그 순간을 바로 '뽀빠이 모먼츠Popeye's moments'라고 부르기도 합니다. 말도 안 되는 상황이 펼쳐졌을 때 현실의 상황을 그냥 받아들이지 않고 '어? 이건 아닌데….'라면서 행동을 다짐하는 순간이 바로 뽀빠이 모먼츠입니다.

우리 주변을 보면 불만을 가진 사람들이 꽤 많습니다. 대부분의 사람들이 불만이 많은 사람을 보면 투덜이라고 욕하면서 성격이 좋지 않다고 생각하지요. 하지만 모든 발명품은 불만에서 시작되었습니다. 흔히 쓰는 '주름 빨대'는 몸이 아파 늘 누워있어야하는 아들이 물을 마시기 위해 매번 몸을 일으키는 걸 보던 일본의 한 어머니가 수도꼭지에 끼우는 주름 잡힌 호스를 보고 생각해 낸 발명품입니다. 환자가 물을 마시는 상황에 불만이 없었다면 이런 발명품은 탄생하지도 않았을 겁니다. 지우개 달린 연필도 마찬가지지요. 늘 지우개를 잃어버리고 찾는 것에 불만을 가져 연필 끝에 지우개를 매달던 것이 '지우개 달린 연필'로 새롭게태어난 것입니다.

여러분! 꿈이 없어도 괜찮습니다. 대신 불만을 가지세요. 여러분도 혹시 지금 불편하거나 부당하다고 느껴지는 상황을 만날 때열 받은 적 없나요?

"이건 말도 안 돼! 아, 놔 진짜 어이가 없다. 어떻게 세상이 이럴 수 있지." 하는 순간들 말입니다. 또는 "어른이 되면 내가 바꿔야지. 나는 저런 어른이 되지 말아야지."라고 생각해 본 적은 없나요? 영웅은 착한 불만족과 착한 분노가 치밀어 오를 때 그냥 넘기지 않고 무엇인가를 실행한답니다. 납득할 수 없는 사회에 불만을 품고 어떻게 하면 더 나아질 수 있을까를 함께 고민한 친구들이죠.

"어른이 돼서 해결하기엔 너무 늦어. 지금 이 순간 내가 할 수 있는 건 없을까?" 하는 마음으로 미루지 않고 이 순간 도전하고 행동으로 옮긴다면 우리는 현실 세계의 영웅이 될 수 있답니다.

2단계: 뭔가 이상하면 질문을 해봐

착한 불만족과 더불어 평범한 사람을 영웅으로 만드는 게 바로 '질문'입니다.

"왜 이런 일이 발생한 것일까? 어떻게 하면 이 일을 해결할 수 있지?"

그렇다면 어떻게 뽀빠이 모먼츠와 질문으로 세상을 변화시킬 수 있을까요? 이 책의 1부에서 만난 우리 주변의 10대 영웅들은 모두 '사람'에게 시선이 향해 있습니다. 우리는 우리가 살고 있는 동네, 학교, 학원 등 생활 반경에서 하루에도 많은 사람을 만납니다. 학교 친구들과 선생님, 택배 배달원이나 경비원 아저씨, 음식점 사장님과 직원들, 편의점의 아르바이트생 등등. 그런데 이들 모두 우리에게 의미 있는 존재는 아닙니다. 내게 중요한 사람은 가족과 친구들 정도죠. 위에 언급한 사람들은 솔직히 기억도 나지 않습니다. 친구랑 패스트푸드점에서 햄버거를 사 먹었던 날 아르바이트생의 얼굴을 기억하나요? 택배 아저씨는요? 현실에서 만나는 80퍼센트의 사람들은 그저 스쳐 지나가는 존재들입니다. 투명인간으로 취급하기 일쑤입니다.

그런데 현실 세계의 영웅들은 다르게 대합니다. 이 투명인간을 실제 내 옆의 생기 있는 사람으로 여기고 사람들을 관찰하고 관심을 가집니다. 때로는 지구 건너편의 나와 전혀 상관없는 사람들도요. 무관심하게 스쳐 지나간 대상들을 따뜻한 관심의 대상으로 바꾼 것이죠. 나와 같은 사람으로 여기고 그들의 아픔에 공감합니다.

'공감 능력'은 모든 영웅의 시작이자 궁극의 힘입니다. 최첨단 무기로 무장해서 싸움을 잘하는 슈퍼히어로는 정말 많습니다. 그러나 진정한 히어로는 다른 사람의 슬픔을 마치 자기 일인 양 느끼고 아파하고 해결하는 공감 능력을 지닌 사람입니다. 이들은 타인의 아픔과 불편함에 공감하고 그들의 문제를 해결하려고 고생을 자처합니다. 불가능한 상황과 맞닥뜨릴 때면 거꾸로 불가능은 없다고 외치는 사람들입니다. 어려운 문제를 만나면 이제 행동할 때가 되었다고 느낍니다. 공감 능력을 진심으로 발휘하며 살아가는 사람들은 이제 자리를 박차고 나와 도전과 모험을 시작합니다.

3단계: 내 손안의 무기와 능력을 드러내봐

악당으로 가득 찬 세상에서 아무런 준비도 없이 벌떡 일어나 그저 악당에게 "한판 붙자. 덤벼봐!" 하고 소리를 지르는 것은 용기가 아닌 객기입니다. 영웅은 구호만으로 되지 않습니다. 실제로 맞서 싸우고 승리하려면 많은 게 필요합니다. 영웅에게는 각자 고유의 초능력이나 무기가 있습니다.

현실 속 영웅이 되기 위해서는 '내 손안에 무엇이 들려 있는가?'를 아주 자세히 살펴야 합니다. 나만의 초능력과 무기는 바로 나의 재능과 흥미와 노력이 합쳐진 '강점'입니다. 이 강점은 하루아침에 '뚝딱' 하고 만들어지는 것이 아니라 시간이 필요합니다. 재능이 없는 영역에서 노력만 하는 것도 너무 슬픈 '삽질'이 될 수 있고, 재능은 있는데 노력하지 않으면 구체적인 결과를 얻지 못합니다.

강점 = 재능 × 노력

지금 당장 좋아하고 잘하는 게 없어 보인다고 포기하지 말고 자신을 잘 살피고, 필요하면 주변의 도움을 받아야 합니다. 자신이 좋아하고 잘하는 일에 열정을 나할 때 우리는 다른 사람과 구별되는 독특하고 멋진 사람이 된답니다.

4단계: 고난 극복에 빌런과 방해물은 필수야

영웅의 삶은 쉽지 않습니다. 삶 곳곳에 위험이 도사립니다. 때때로 사람들의 인정은커녕 문제를 일으킨다고 오해를 받기도 합니다. 무엇보다 영웅에게는 계속해서 추진해나가지 못하도록 방해하는 반작용과 같은 고난과 역경이 존재합니다.

첫 번째, 영웅을 무너뜨리고 세계를 정복하려는 반대세력인 '악당'이 등장합니다. 우리가 즐겨보는 드라마와 영화를 보면 어떤가요? 회차가 진행되고 시리즈가 생성될수록 더 강력한 '악의 화신'으로 변한 악당이 등장합니다. 어떻게 해서든지 더 큰 힘과 더 센 무기를 손에 쥐기 위해 수단과 방법을 가리지 않고 많은 사람을 희생 시킵니다. 결국 모든 것을 소유한 그들은 더욱 잔인한 악당이 되어 주인공이 결코 이길 수 없을 것 같은 위기감을 조성합니다. 이때 영웅은 어떻게 하나요? 힘들지만 잡초처럼 버티고 어떻게든 승리하려 다시 일어서 달려듭니다.

두 번째, 영웅은 목표와 임무를 완수하기 위해 모험하는 과정에서 뜻하지 않게 크고 작은 방해물도 많이 만납니다. 애니메이션 〈쿵푸팬더〉를 보면 주인공인 포 또한 용의 전사가 되는 과정에서 역경을 만납니다. 쿵푸를 좋아하는 포는 누가 용의 전사로 뽑히는지 궁금해서 제이드 궁전으로 향하지만, 아버지가 넘겨준 국수 수레로 인해 늦게 됩니다. 뜨거운 태양 아래서 꼭 통과해야만 하는 수천 개의 계단은 몸이 무거운 포에게는 험난한 여정입니다. 그래도 쿵푸에 대한 열정만큼은 진심이었던 그였기에 굴복하지 않고 궁전 안으로 들어가는 온갖 방법을 동원해 봅니다.

시간이 흘러도 제이드 궁전으로 들어가지 못한 포는 마지막 방법으로 폭죽을 묶은 의자를 만들어 그 폭죽의 추진력으로 결국 궁전 안으로 들어가는 데 성공합니다. 하지만 웬걸요. 우연하게도 용의 전사를 뽑는 정확한 타이밍에, 축제 현장의 한가운데로 떨어지는 바람에 포는 하늘이 정해준 운명의 '용의 전사'가 됩니다. 우연히 기회를 잡았다고 포가 용의 전사로 쉽고 편하게 지낼 순 없었습니다. 사부님과 무적의 5인방 틈에서 아주 호되고 힘든 수련의 나날들을 보내며 고생 끝에 성장합니다. 예상치 못한 방해물과 많은 고난을 이기고 계속 전진했더니 자신의 능력을 찾을 수 있었습니다. 그 모든 방해물들이 오히려 사명과 능력을 찾는 기회이자 성장의 디딤돌이 된 것입니다. 혹시 여러분도 방황하고 있는 중이라는 생각이 드나요? 설령 그렇게 보일지라도 포기하지 않는다면 분명 자신의 길을 찾을 수 있습니다.

그런데 이렇게 눈에 보이는 적들과 방해물보다 더 무서운 것이 있습니다. 바로 내 안에 존재하는 '두려움'입니다. 영웅들 역시 뭔가 새롭게 시도하고 도전할 때 두려움과 공포가 찾아옵니다. 이때 드는 생각이 있습니다.

'나 같은 사람이? 그냥 가만히 있자. 나대지 말고. 그런다고 바뀌는 건 아무것도 없어. 괜히 사서 고생하지 말자고.'

'아, 실패하면 쪽팔려서 어떡하지?'

특히 이런 생각은 남과 비교할 때 더 강해집니다. '나는 공부를 못 한다. 나는 돈이 없다. 나는 운동을 못 한다. 인기가 없다.' 등 자신을 부정적으로 보며 지레짐작 포기하고 겁을 먹죠. 중요한 것은 내가 다른 사람보다 뛰어나지 않은 부분이 있듯 다른 사람에게도 나보다 뛰어나지 않은 부분이 있다는 사실입니다. 쉽게 말하면 그 사람은 그 사람이고 나는 나일 뿐입니다.

영웅도 실패합니다. 문제를 해결하는 과정에서 새로운 방식으로 해결하려고 하지만 상황은 좀처럼 나아질 기미가 없고, 다 포기하고 도망가고 싶을 만큼 두렵기도 하죠. 두려움이 압도할 때 영웅은 어떻게 할까요? 먼저 그들은 두려움을 없애고자 두려움의 감정과 맞서 싸우지 않습니다. 그저 내 안의 감정을 자연스럽게 '인정'합니다. 악당과 방해물을 이기려고 맞서 싸우지만 내면의 감정은 '아, 두려워하는구나.' 하고 그저 받아들이고 기다리면서 자신의 사명을 묵묵히 완수해 나갑니다.

그렇다면 과연 언제부터 영웅이 되는 걸까요? 세상을 구할 때? 사람들을 구할 때? 아니면 멋진 성과를 낼 때? 아마도 두려움이 있지만 그럼에도 불구하고 문을 열고 발을 내딛는 '용기'를 내는

영화 〈쿵푸팬더〉의 주인공 포와 친구들

순간부터 영웅이 되는 것이 아닐까요? 우리가 앞에서 살펴본 세상의 10대 리더들 또한 용기를 내는 순간 진짜 현실 세계의 영웅이 되었답니다.

5단계: 협력하여 무조건 승리하리라!

영웅에게는 팀플레이가 필요합니다. 혼자서는 악당을 무찌르고 지구를 구할 수 없으니까요. 그래서 함께 문제를 해결할 동지와 내면에 큰 용기와 힘을 줄 코치나 멘토가 있어야 합니다. 마블 영웅들이 다 모이는 〈어벤져스〉 시리즈를 볼까요? 1편에서는 너무나도 우수한 히어로들이 처음 모이는 자리라 그런지 단합되기는커녕 서로 아웅다웅 다투는 모습이 나옵니다. 각자 가진 능력을 합쳐 문제를 해결하려고 하기보다 자기 혼자서도 충분히 할수 있다는 자만심에 빠지기도 합니다. 또 어떨 땐 서로의 잘못을지적하거나 "너 슈트 없으면 아무것도 못 하지?" 하면서 아주 유치하게 싸우기도 합니다. 그러다 2편에서는 1편에서 지지고 볶고했어도 우정을 쌓은지라 서로를 신뢰하고 배려하며 혼자였다면무찌르지 못했을 악당들을 이기며 지구를 구해냅니다.

우리에겐 친구뿐만 아니라 잠재력을 끌어낼 코치나 멘토도 필요합니다. 〈쿵푸팬더〉의 포는 쿵푸를 하기에는 최악의 신체조건과 정신력을 가졌습니다. 그나마 포가 이 세상에서 유일하게 잘하는 것이 바로 '먹는 것'이죠. 처음에 거북이 사부는 포를 다른제자들, '무적의 5인방(호랑이, 학, 원숭이, 사마귀, 뱀)'처럼 대했습니다. 그래서 이들과 같은 방식으로 획일적으로 교육하고 훈련시킵니다. 결과는 당연히 대실패였습니다. 포는 '무적의 5인방'과완전히 다른 존재이기 때문이죠. 사부는 방법을 바꿉니다. 바로'포'만을 위한 맞춤 훈련을 시도한 것이죠. 사부는 낮은 자존감과무기력으로 무장된 포를 훈련하기 위해 최고의 트레이닝 기술을발휘하는데, 바로 '음식'을 동기부여를 일으키는 도구로 사용한것입니다. 포의 약점이자 단점이라고 여긴 부분을 장점으로 바꾼것이죠. 포는 사부의 지혜로운 코칭 덕분에 자신 안에 잠재된 쿵푸 능력을 최고치로 끌어내어 훈련했고 결국 무서운 악당 타이렁을 물리칩니다. 그리고 마침내 '용의 전사'가 된답니다.

여러분에겐 이렇게 직접 이끌어줄 코치까지는 아니더라도 멘토는 반드시 필요합니다. 그들은 여러분이 하고 싶어 하는 것을 잘하는 사람이고 여러분이 살고 싶어 하는 삶을 살아온 사람이며 여러분이 성취하고 싶은 일을 해낼 수 있도록 도와줄 사람입니다.

우리의 목표와 이상을 실현하기 위해서는 도움을 받아야 합니다. 어떤 일을 이루는 최고의 방법은 바로 '나의 조력자를 찾는 것'입니다. 그 조력자는 멀리 있을 수도 있지만 먼저는 우리 가까이의 부모님과 선생님 그리고 친구들이 될 수 있다는 것도 잊지 마세요.

6단계: 성장은 계속되니까

모든 스토리에는 '끝'이 있습니다. 악당을 물리치거나 문제를 해결하고 사랑하는 사람과 다시 행복해지는 그런 해피엔딩 말입니다. 영화는 두 시간 동안 삶을 압축해서 보여 줍니다. 하지만 우리는 압니다. 인생은 영화와 다르고 훨씬 더 복잡하고 입체적이라는 것을요. 왜냐고요? 실제 우리 인생에서는 죽기 전까지 영원한 엔딩은 없기 때문입니다. 어느 문제를 하나 해결했다 싶으면 또 다른 문제가 나타납니다. 여러분이 어른이 되면 청소년 시기와는 또 다른 해결해야 할 삶의 과제가 생깁니다.

갑자기 삶이 피곤하게 느껴지나요? 그렇다고 지레 겁먹을 필요는 없습니다. 매운맛 뒤에 맛보는 디저트는 몇 배나 더 달콤하듯 잘 견디고 버티고 난 뒤에 펼쳐지는 삶에는 더 큰 기쁨과 즐거움이 있습니다. 그러니까 인생을 좋게 보면 우리는 끝없이 배우고 성장할 수 있답니다. 절대로 넘어지지 않는 사람은 행운아입니다. 그러나 더 큰 행운아는 넘어지지 않는 사람이 아니라, 넘어졌다가도 손을 털고 다시 일어나는 사람이랍니다. 고통과 갈등은 삶의 일부입니다. 진짜 살아 있다면 피할 수 없기 때문이죠.

영웅들은 관점을 달리하여 역경을 기회로 여긴 사람들입니다. 계층, 출신, 주변 환경, 성격 등 자신의 한계를 극복하고, 정해진 것들을 따라 살아가는 것을 거부합니다. 인류의 역사를 봤을 때도 우리가 소위 위인이라고 부르는 사람들은 남들과 다른 생각과 행동을 보였습니다. 그런데 그들 또한 어렸을 땐 그저 평범한 어린이, 청소년, 청년이었습니다. 누구도 그들이 나중에 위대한 업적을 이루리라 예상하지 못했습니다. 그들 또한 모두 약점과 부족함을 지닌 평범한 사람일 뿐이니까요.

평범한 그들은 언제부터 서서히 달라졌을까요? 바로 한계를 극복하고자 용기를 내면서부터입니다. 수많은 실수와 엄청난 고통, 갈등을 겪으면서 그것들이 삶을 불행하게 하도록 놔두지 않고 거기서 배움을 얻으면서 인생이 본격적으로 바뀝니다. 그들에게 가정 형편이나 배경 따위는 아무런 의미가 없었습니다. 그들의 위대함은 스스로 자신의 한계를 뛰어넘었다는 데 있습니다. 자신의 약점을 완전히 이겨낼 순 없지만, 인생의 결정적 시기에 이를 극복하기로 스스로 선택하고 바로 행동으로 옮겼습니다.

자, 이제 주인공은 역경을 극복하면서 악당도 물리치고 그토록 원하는 것도 얻었습니다. 그런데 '그다음'이 더 중요합니다. 자신의 돈, 권력, 명예만을 좇는다면 이들은 영웅이 아니라 그저 더 힘센 악당일 뿐이죠. 영웅은 자기만이 아닌 자기보다 약한 존재를 돕고 보호하는 사람입니다. 자기의 안위만 생각하거나 큰 힘을 자신의 탐욕을 위해 쓰는 건 영웅이 아닙니다.

"큰 힘에는 큰 책임이 따른다."

영화 〈스파이더맨〉에 나오는 대사입니다. 만약 여러분에게 남들보다 특별한 능력이 있다면 세상을 구하는 데 한번 써보는 건 어떨까요? 더 배우고 성장해 삶의 또 다른 경지에 오를 여러분을 기대합니다.

영웅처럼 산다는 것
vs.
자기 주도적으로 산다는 것

　　　　　부모님도 선생님도 친구도 내 인생을 대신 살아 줄수 없습니다. 나의 잠재력을 극대화하는 것은 바로 나 자신이어야 합니다.

　자, 이제 영웅이 되는 것과 실제로 여러분이 자기 주도적으로 사는 것이 어떤 의미인지를 알아볼까요?

　영웅은 어떤 일이든 쉽게 포기하지 않고 자신의 삶을 가치 있게 살아가는 사람입니다. 그런데 우리가 진지하게 돌아봐야 할 부분이 있습니다. 지구를 깨끗하게 한다면서 정작 자기 방은 돼지우리처럼 해놓고 산다면 어떨까요? 세계 평화와 인권을 바란다면서 정작 매일 만나는 학급 친구를 '왕따'나 '은따'시킨다면요? 하루아침에 위대한 일을 하는 것은 불가능합니다. 내가 지금 있는 곳에서부터, 그리고 현재 내가 할 수 있는 일부터 서서히 확장해 나가는 것이 중요합니다.

아직 10대인 여러분은 지금 앞으로의 인생을 결정할 중요한 시기에 놓여 있습니다. 중요한 것은 바로 '선택'입니다. 어떤 선택을 하느냐에 따라 인생이 달라집니다. 빈둥빈둥 시간을 낭비하다가는 평생 남에게 이끌려 다니다 소중한 인생을 먼지처럼 날려버릴 수도 있습니다. 이는 전적으로 여러분의 선택에 달렸습니다.

또 자기 주도적으로 살기 위해서는 자신만의 목적과 목표가 있어야 합니다. 여러분은 무엇을 얻길 바라나요? 목표는 무엇인가요? 여러분으로 인해 어떤 것들이 변화되길 바라나요? 누군가가 웃음을 찾고 힘을 얻고 도움을 받고 더 나아가 불행에서 빠져나오길 바라나요? 이 질문에 답할 수 있을 때 진정으로 비전을 품은 영웅으로 성장할 수 있습니다.

영웅들의 괴력은
결국 선한 영향력이다

'힘power'이란 무엇일까요? 힘은 물리 시간에 배우는 개념이기도 하지만, 이번에는 사회 속에서의 힘에 대해 이야기 나누고 싶습니다.

어린 시절의 저는 역사를 좋아해 많은 책을 읽었습니다. 동·서양 역사를 보면 광활한 제국을 건설하고자 한 인물들이 꼭 나옵니다. 이집트의 파라오, 진시황, 알렉산더 대왕, 칭기즈칸, 나폴레옹, 히틀러 등 이들의 공통점은 모두 '힘'이 막강하다는 거죠. 강력한 군대와 엄청난 부를 가진 이들은 그 힘을 좋은 데 쓰기보다는 전쟁을 일으켜 파괴를 일삼는 데 이용했습니다.

정복자들이 가진 힘의 근원은 무엇일까요? 부와 권력과 명예를 향한 영원한 욕망입니다. 이들 중 영원히 무너지지 않는 제국을 건설한 사람은 단 한 명도 없습니다. 잠시나마 사람들을 공포에 떨게 하고 막대한 영토를 차지한 적은 있지만요.

힘 자체는 좋다 나쁘다라고 말할 수 없습니다. 문제는 '어떻게 쓰느냐'입니다. 능력을 지닌 존재에게는 두 가지 길이 있습니다. 이 능력을 이기적으로 사용하여 악당이 될 것인가? 아니면 남을 돕고 세상을 이롭게 만드는 영웅이 될 것인가? 초능력은 숨겨두면 빛을 발하지 않습니다. 오히려 나눌수록 빛이 나지요.

위대한 사람은 비전에 따라 만들어집니다. 태어날 때부터 위대한 사람은 없습니다. 위대한 비전이 위대한 사람으로 만드는 것이죠. 비전은 정말 평범하고 별 볼 일 없는 사람도 뛰어난 사람이 되도록 힘을 주고 자극하며 삶을 이끈답니다. 우리가 만난 10대 영웅들의 스토리가 바로 그렇습니다.

이제 나의 비전을 마음에 그려봅시다. '좋은 비전'이란 돈을 얼마나 벌지, 멋지고 비싼 외제차를 몇 대나 살지, 명품 패션을 얼마나 두를지에 대한 것이 아닙니다. 많은 돈을 벌고 싶다는 꿈보다, 많은 돈을 벌어 배고픈 사람들을 먹이고, 배우고 싶은 사람들을 가르치는 것이 좋은 비전입니다. 돈, 명예, 권력만이 아니라 '내가 세상을 어떻게 더 아름답게 만들 수 있을지'를 고민할 때 우리는 영웅이 될 수 있습니다.

선한 영향력을 더 넓고, 더 크게

여러분 중에는 '선한 영향력'이란 말을 부담스럽고 어려워하는 친구들도 있을 겁니다. 평범한 청소년은 어떻게 구체적으로 세상에 선한 영향력을 확장할 수 있을까요? 우선 내가 앞으로 하고자 하는 일들의 개념과 정의에 대한 생각을 전환하는 것부터 시작하세요.

선한 영향력을 만드는 생각의 확장
○○의 즐거움을 타인과 나누기 위해 ○○가 되겠다.
○○로 사람들에게 편리함과 유익함을 주겠다.

간호사
→ 곧 임종을 앞둔 호스피스 병동의 환자들이 평안하게 죽음을 맞이하도록 돕는 전문 호스피스 간호사.

빅데이터 전문가
→ 국가와 국민이 행복한 삶을 살도록 정책과 제도를 만드는 데 필요한 빅데이터 분석가.

여러분이 어떤 어려움에 처했다고 가정해 봅시다. 가족도 친구도 아닌 누군가가 나의 아픔과 어려움에 공감해 나를 도와줬습니다. 그 자체만으로도 세상은 아직 살 만하다고 희망을 품고 다시 일어설 용기를 낼 것입니다. 시간이 없어서, 용기가 부족해서, 성격과 맞지 않아서 사회 참여나 봉사활동 하기를 주저한다면 생각을 바꿔 보세요. 주저했던 작은 행동이 더 큰 행동을 만들어 내고, 이 모든 것이 결국엔 사회의 희망이 된답니다.

'나 자신'이 바로 세상을 바꿀
단 하나의 영웅

"가장 개인적인 것이 가장 창의적인 것이다."

2020년 아카데미 시상식에서 화제가 된 영화 〈기생충〉의 봉준호 감독의 수상소감입니다. 이 말은 사실 천재적인 영화감독 마틴 스코세이지의 말이기도 하지요. 마틴 스코세이지는 봉준호 감독이 가장 존경하는 영화감독이라 그의 말을 인용해 수상소감으로 건넨 겁니다.

〈기생충〉이라는 비영어권의 영화가 세계적인 영화제에서 최초로 작품상을 받은 것도 대단하지만, 전 세계가 골치 아파하는 '부의 불평등' 문제를 의미 있게 다룬 것에 많은 사람들이 놀라워했습니다. 봉준호 감독은 '영화'라는 목소리로 전 세계에 큰 영감을 주었습니다.

이제 미래는 나만의 목소리와 방식으로 세상을 바꿀 혁신적인 인재가 필요합니다. 그런데 우리는 어린 시절부터 대부분 "너는 아직 어리니까 어른의 말을 잘 따라야 해."라는 말을 들으며 자라 왔습니다. 이런 상황에서 우리는 스스로 선택하고 판단하고 실행하는 것을 두려워하게 됐는지도 모르겠습니다. 그 결과 더 나은 미래, 더 나은 세상을 위해 어떻게 해야 할지 머리로는 잘 알면서도 가슴과 몸이 반응하지 않게 되어 버렸습니다. 하지만 우리는 저마다 세상에 하고 싶은 말을 가슴 깊이 숨겨 놓고 있습니다. 그 내용과 전하는 방식이 다 다를 뿐이죠.

책에 소개된 친구들은 모두 다 개성이 넘칩니다. 나라도 다르고 인종도 다르고 재능과 흥미도 다르고 세상에 목소리를 내는 방식과 문제를 해결하는 방식이 모두 다릅니다. 그런데 이들에게 국경을 초월한 공통점이 있다면, 무엇일까요? '나이는 중요하지 않다'는 것입니다. '어른이 되면 해야지' 하고 미루지 않았습니다. 지금 이 순간 바로 용기를 내어 실천했습니다. 이 책에 나온 10대 사회 혁신가들은 각자 완전히 다른 방식으로 세상을 뒤흔들었지만 작은 일에서부터 출발했습니다. 우연히 뉴스를 읽거나, 봉사 시설에 방문하거나, 기후와 환경 위기를 조사하거나, 얼마 되지 않은 자신의 용돈을 기부하는 일들 말입니다. 이들은 자기 주도적으로 자신의 세계를 정복해 나가면서 선한 영향력을 확대했습니다.

잊지 마세요. 한 사람 한 사람이 바로 세상이 원하는 변화 그 자체라는 걸요.

불가능? 그딴 건
우리 세상에 없어!

　　이 책에 소개된 친구들은 '일단 하고 보자'는 의욕과 열정이 넘칩니다. 어른도 무시하지 못할 전문 지식과 기술을 배워, 될 때까지 되게 하는 '삽질 정신'도 아주 뛰어납니다. 그리고 역경과 시련을 만나도 불가능은 없다면서 오뚝이처럼 일어나 다시 도전합니다. 아마도 우리나라 10대들을 만나면 환하게 웃음 지으며 이렇게 말할 겁니다.

　　"뭐 어때? 그냥 해 보는 거야. 우린 아직 어려! 아무것도 가진 것이 없을 때 실패해야 나중에 성공할 수 있다고!"

　　우리가 앞에서 살펴본 10대 영웅들은 호기심과 문제해결력을 키우는 공부를 몸으로 직접 경험했습니다. 교실 속에서만이 아니라 사회 참여를 통해 전인격적인 공부를 한 것이죠. 이 10대 영웅들은 '자신이 속한 사회에 관심을 가지고 구체적인 영향력을 발휘하여 공동체 발전을 추구하는 사회적인 행위'를 했습니다. 이런 활동을 '사회 참여'라고 합니다. 이 영웅들은 저마다 자신만의 방식으로 사회 참여를 했던 것이죠.

사회 참여에는 여러 방법이 있습니다. 선거 때 투표에 참여하는 것, 봉사활동을 하는 것, 정부와 지방자치단체에 공공정책을 제안하는 것 등이 대표적인 예입니다. 발명을 하거나 재단을 설립해 지속 가능하게 이타적인 일을 할 수 있도록 시스템을 마련한 사회적 기업가도 있습니다. 또 캠페인과 집회 시위를 펼쳐 사람들의 인식을 변화시키는 청소년 시민운동가도 있습니다. 이 모든 것이 사회 혁신 활동이랍니다.

하지만 많은 사람이 사회문제에 관심이 없어 무엇이 문제인지 발견하지 못합니다. 또 발견한다고 하더라도 내 일이 아니고 남의 문제라고 여깁니다. 그래서 무관심하게 지나치거나, 바로잡아야 할 필요성을 느끼면서도 귀찮다는 이유로 눈을 감습니다.

우리는 자신과 주변, 더 나아가 내가 살고 있는 지역에서 발생하는 여러 문제에 관심을 두고 이를 해결하기 위해 노력해야 합니다. 나 자신부터 시작하다 보면 어느새 우리 학교, 우리 동네, 우리 사회가 살기 좋은 세상이 되어 있지 않을까요?

8장

문제적 세상,
해결책을 제시하다

세상에는 언제나
문제가 차고 넘친다

"만약 나에게 문제를 해결할 1시간이 주어진다면 55분은 문제를 정의하는 데, 나머지 5분은 문제를 해결하는 데 사용할 것이다."

-알베르트 아인슈타인

모두 '문제'라는 단어는 많이 들어봤을 거예요. 우리는 살면서 여러 문제를 만납니다. 수학 문제, 문제 상황, 문제가 생기다, 문제를 해결하다… 등등.

그런데 '문제'란 과연 무엇일까요? 사전을 보면 '해답을 요구하는 물음, 해결하기 어렵거나 난처한 대상, 또는 그런 일'이라고 정의되어 있습니다. 때로는 귀찮은 일이나 골치 아픈 것, 말썽을 가리키기도 하지요.

학생인 여러분이 '문제'라는 단어를 들으면 대부분 국어나 수학 시험을 떠올릴 거예요. 이제는 그 '문제'를 '나를 둘러싼 문제들'로 범위를 좁혀 보세요. 혹시 성적이 낮아 문제인가요? 성적을 올리고 싶다면 공부를 잘하지 못하는 것이 본인에게 정말 절실한 문제로 다가와야 합니다. 간절하게 해결해야 할 문제로 여겨야 성적을 올릴 방법, 즉 문제를 해결할 방법을 찾을 수 있어요.

그렇다면 조금 더 확장해 볼까요? 여러분의 가정과 학교를 둘러보세요. 실제로 중학생 8명이 한 팀을 이루어 학교의 음식물 쓰레기 문제를 해결한 사례가 있습니다. 이 학생들은 급식을 먹을 때마다 음식물 쓰레기가 너무 많이 나온다고 생각했습니다. 이것을 문제로 여긴 그들은 보다 더 구체적인 원인을 찾고자 관찰했습니다.

문제의 원인은 식판에 음식을 담을 때 음식의 양을 가늠할 수 없기 때문이라고 구체화했습니다. 그래서 그들은 학생들이 자신의 식사량에 따라 음식의 양을 예측할 방법을 연구했습니다. 열심히 연구한 결과, 이들은 '무지개 식판'을 만들었습니다. 이 식판은 기존의 식판에 눈금을 표시해 학생이 담은 음식량과 먹을 수 있는 음식량의 차이를 눈에 띄게 보여 주었습니다. 그리고 무지개 식판 덕분에 잔반은 몰라보게 줄었습니다. 실제로 이들이 다니는 학교에서 무지개 식판을 테스트해 본 결과 일반 식판으로 식사했을 때보다 잔반이 70퍼센트나 감소했다고 합니다.

"학교 계단이 가팔라서 짜증나요."

"급수대에서 버리는 물이 너무 많아요."

"교실에서 분리수거가 제대로 되지 않아요."

여러분 모두 한 번쯤 생각했던 문제들일 거예요. 이제 우리도 일상에서 문제를 찾아 해결할 수 있답니다. 변화를 만든다는 것은 이전에 있던 것을 개선하는 것일 수도, 이전에 없던 새로운 것을 만드는 것일 수도 있습니다. 그러니 우리는 일상에서 뒤집어보고, 비틀어보고, 재구성하고, 때로는 넘어서야 합니다. 그 해결의 결과가 '제품'이 될 수도 있고, 어떤 '기술'이 될 수도 있고, 어떤 '서비스'일 수도 있고, 어떤 '의식'과 '방식'이 될 수도 있습니다.

틀을 깨뜨리는 사고력, 디자인씽킹

디자인씽킹은 '디자인design'과 '생각하기thinking'가 합쳐진 말로 디자이너가 생각하는 방식으로 세상을 바라보고 기존과 다른 방식으로 문제를 해결하는 과정을 말합니다.

화가와 디자이너는 다릅니다. 화가는 영감을 가지고 자신이 그리고 싶은 것을 그립니다. 이와 달리 디자이너는 보통 고객의 요구에 따라 아이디어를 발전시킵니다. 즉, 시작부터 끝까지 고객의 필요를 얼마나 충족시키느냐가 중요한 문제가 됩니다.

디자인씽킹은 제품(서비스)을 기획하고 만들어 낼 때만 필요한 능력이 아닙니다. 창의적으로 문제를 해결하는 방식으로, 천재가 아니어도 누구나 훈련을 통해 습득할 수 있는 능력입니다.

디자인씽킹의 과정
· 1단계. 공감하기

- 2단계. 문제 정의하기

- 3단계. 해결 방법 찾기

- 4단계. 시제품 만들어 보기

- 5단계. 실험하고 피드백 받기

디자인적 사고 능력은 현재 상황의 문제를 진단하고 더 나은 상황으로 변화시키는 것이 핵심입니다. 여기서 가장 중요한 시작이 바로 '공감 능력'입니다. 역지사지易地思之라는 말과도 비슷합니다.

아프리카에서 신생아가 태어나면 저체온증으로 사망하는 일이 많았습니다. 선진국은 이 문제를 해결하기 위해 인큐베이터를 보급했지만, 아프리카는 전기가 부족하고 의료 시설도 선진국처럼 잘 되어 있지 않습니다. 고가의 인큐베이터가 소용없는 상황에서 이 문제를 해결하기 위해 다양한 분야의 사람들이 디자인씽킹으로 새로운 해결책을 내놓았어요. 그것은 바로 '핫팩과 포대기와 모자'였어요. 이후 아프리카의 미숙아 저체온증 문제를 30퍼센트나 감소시켰다고 해요. 만약 전기가 없는 그 지역의 상황과 처지를 깊이 공감하지 못했다면 이런 아이디어가 나오지 않았겠죠?

촉각 세운 관찰로
차량 내 오아시스를 설치하다

2018년 7월, 우리나라에서 네 살 아이가 어린이집 승합차 안에 갇혀 사망한 사건이 있었습니다. 아이는 뜨거운 차 안에서 7시간이나 방치되어 고통스럽게 목숨을 잃었습니다. 이 사건을 지켜보면서 대한민국의 모든 국민은 무척 가슴이 아팠어요. 그리고 인터넷 기사엔 온통 어린이집 교사와 운전기사, 원장을 비난하는 댓글이 가득했습니다. 이렇게 우리가 특정 대상을 비난하고만 있었을 때 똑같은 사건을 겪은 열 살짜리 한 꼬마는 이런 생각을 합니다.

'뜨거운 차 안에서 방치되어 죽어가는 아이들이 없도록 방지할 장치가 없을까?'

미국의 비숍 커리Bishop Curry는 옆집의 6개월 된 아기가 뜨거운 차 안에서 방치되어 사망한 사건을 보며 큰 충격을 받았습니다. 미국은 어른들의 부주의로 어린아이가 밀폐된 차 안에 방치되어 사망하는 사고가 종종 일어난다고 합니다. 비숍은 아이가 사고로 자동차 안에 갇힐 경우 아이를 안전하게 보호할 수 있는 장치를 만들고자 시도합니다.

어린 비숍은 아버지와 함께 열심히 연구하여 마침내 차량 내 온도 관찰이 가능한 오아시스Oasis라는 장치를 발명합니다. 온도가 일정 수준으로 높아지면 차 안에 시원한 공기를 방출하면서 동시에 안테나를 통해 부모와 소방서와 경찰서에 경보를 보내는 장치입니다.

비숍은 어떻게 이런 장치를 발명했을까요? 최첨단 과학지식과 개발할 수 있는 최고의 설비가 필요할 것만 같은데, 비숍이 활용한 것은 단지 3D 점토 모형이었습니다. 비숍의 이야기가 미국 언론에 전해지자 이 멋진 제품이 사회에 널리 쓰일 수 있게 펀딩(기부금을 모금하는 행위)을 했고 곳곳에서 후원금이 들어왔습니다. 현재 비숍은 실리콘밸리에서 많은 발명가와 함께 일하고 있습니다.

비숍은 비록 어릴지라도, 주변 이웃의 아픔과 불편함에 공감하는 능력이 뛰어났습니다. 문제를 해결하고자 기술을 잘 활용한

비숍이 만든 오아시스가 작동하여 출동한 경찰관과 아기

창조적 공감 능력도 있었습니다. 혼자 할 수 없을 때는 부모님이나 모르는 사람들이라 할지라도 적극적으로 도움을 요청해 지식과 정보, 자본을 얻었습니다. 이처럼 적극적으로 표현하고 공유할 때 생각지도 못한 놀라운 결과를 볼 수 있답니다.

　여러분처럼 평범했던 청소년이 영웅이 된 것은 타인의 아픔에 공감하며 적극적으로 행동했기 때문입니다. 이들은 '내 공부'만이 아니라 가족과 친구 그리고 주변에 관심을 기울였고, 그 관심이 호기심으로, 그 호기심이 열정으로 자란 것이지요.

관찰하는 습관은 소중한 자산

문제에 공감했다면 이제 해결하기 위해 아이디어를 내야 합니다. 그런데 이 아이디어를 내는 게 쉽지 않죠? 아이디어를 만들어주는 최고의 무기가 바로 '관찰'입니다. 관찰은 아이디어를 시작하는 단계에서 매우 중요합니다.

"관찰은 우리 삶에서 그저 하면 좋은 것이 아니라 무수한 기회로 이어지는 문을 여는 '열쇠'다."

스탠퍼드 창업교육의 근본을 다진 디스쿨의 티나 실리그 교수의 말입니다. 티나 실리그는 〈인지니어스〉에서 '스탠퍼드 사파리' 수업을 합니다. 이 수업은 '자기 집 뒷마당 현장 관찰'이라고도 하는데, 관찰의 힘을 키우는 수업입니다. 대다수 사람이 늘 보던 환경에서 그냥 지나치는 것들을 제대로 보기 위한 수업으로, 학생들은 날마다 캠퍼스를 관찰한 뒤 현장일지에 기록해야 한다고 합니다. 왜 이런 수업을 하고 일지를 쓸 정도로 관찰을 강조할까요? '관찰'이야말로 최고의 자산이 될 수 있기 때문입니다.

관찰만 잘해도 큰 부가 따라올 수 있습니다. 미국의 테일러 로젠탈Taylor Rosenthal은 2014년, 열네 살에 교내 청소년 창업 수업을 들었습니다. 그때 테일러는 과제로 '응급처치 용품 자판기 아이디어'

를 적어 제출했습니다. 그저 과제만 제출하고 끝난 게 아니라 이를 상용화하겠다는 계획을 세우고 실제로 행동으로 옮겼습니다.

아이디어의 시작은 그가 평소에 사랑한 '야구'였습니다. 교내 야구선수를 할 정도로 야구를 무척 좋아한 테일러는 야구경기가 열릴 때마다 매번 안타까운 장면을 목격했습니다. 야구장에서 종종 다치는 아이들이 나왔기 때문입니다. 테일러는 아이들이 다쳤을 때 현장에서 간단히 응급처치를 하는 데 필요한 기구나 약을 구하지 못해 부모들이 쩔쩔매는 모습을 자주 봤습니다. 그래서 찰과상, 화상, 물집, 심지어 벌에 쏘였을 때 간단히 치료할 수 있는 휴대용 응급키트가 필요하다는 것을 깨닫고, 상황을 잘 관찰한 덕분에 '응급 키트 자판기'라는 아이디어를 얻었습니다.

테일러의 초기 아이디어는 스포츠 경기가 열릴 때마다 응급 키트를 판매하는 팝업 스토어(짧은 기간만 운영하는 상점) 형태였습니다. 하지만 인건비 등을 따졌을 때 이윤이 얼마 남지 않아 실현이 불가능해 곧 정리합니다. 사람들이 매번 다치는 게 아니기 때문이죠. 이어서 다른 대안을 찾고 열심히 고민하다가 '응급 키트 자판기'를 구상하고 제작합니다. 테일러는 경기장, 해변 등 안전사고가 자주 생기는 지역을 일일이 돌며 부모님과 함께 자판기를 직접 설치했습니다. 그리고 이 응급 키트 자판기는 입소문을 타고 금세 유명해져 제품을 찾는 사람들이 넘쳐납니다. 미국 최대

규모의 식스 플래그 테마 공원에서 무려 자판기 100대를 개당 약 640만 원에 주문해 오는 등 테일러의 자판기는 점점 더 많이 팔리게 됩니다. 이 공원 외에도 미국 전역의 유명한 경기장과 공원 테마파크 등 곳곳에 테일러의 자판기가 설치되었습니다. 이때도 이미 큰돈을 벌었는데, 더 큰 행운이 찾아옵니다. 바로 미국 최대의 헬스케어 회사가 테일러의 회사를 350억 원이나 주고 사겠다고 제안한 것입니다. 하지만 테일러는 거절합니다. 자신의 회사는 앞으로 이보다 더 큰 가치가 있으리라 장담한 것이죠.

2015년 9월 미국의 경영 전문지가 선정한 '전도유망한 청소년 사업가 톱 20'에도 뽑혀 이름을 알린 테일러는 미국 최대 규모의 헬스케어 업체가 제안한 350억 원을 거절한 일로 더 유명해져 미국 언론에 대대적으로 보도됩니다. 테일러는 이 응급 키트 자판기 말고도 사람들의 삶에 유용한 제품을 개발하고자 열심히 공부 중입니다.

우리도 테일러처럼 운동장에서 다친 사람을 많이 봅니다. 그런데 우리는 이렇게 반짝이는 아이디어가 떠오르지도 않고 또 직접 무언가를 추진력 있게 진행하지도 못합니다. 왜 그럴까요? 바로 일상에서 타인에 대해 공감하거나 깊게 관찰하지 못하기 때문입니다. 또 무언가를 시도할 때 머리로만 계산하기 때문에 아이디어가 머릿속에서 끝나버릴 때가 대부분입니다.

많은 사람들이 좋은 아이디어를 얻으려면 상당한 돈을 들여 외국을 나간다든지, 어떤 거창한 경험이 필요하다고 생각합니다. 하지만 절대 그렇지 않습니다. 내가 있는 바로 이곳에서 시작할 수 있습니다. 지금 당장 여러분이 할 일은 일단 집 밖으로 나가는 것입니다. 혹시 스마트폰만 보면서 방구석 라이프에 푹 빠져 있지는 않나요? 공원이나 편의점을 가도 좋고, 집 앞을 거닐며 마치 영화 속 스파이가 된 것처럼 세상을 관찰해 보세요. 그리고 관찰 일지를 써 보세요. 이 습관이 언젠가는 여러분을 영웅으로 만들어 줄 것입니다.

아이디어를 비틀어
세상을 뒤집을 변화로

　　문제 해결을 위한 아이디어를 생각할 때 우리는 종종 오해를 합니다. 어떤 거창한 것만이 아이디어라고 말이죠. 하지만 작은 아이디어로 변화를 극대화하는 방법도 있습니다. 바로 '넛지Nudge'를 이용하는 것입니다. 넛지는 '옆구리를 슬쩍 찌른다'라는 뜻인데요. 어떤 행동을 강요하기보다 작은 아이디어로 긍정적인 행동 변화를 부드럽게 유도하는 것을 '넛지 효과Nudge effect'라고 합니다.

　　넛지의 예시는 다양합니다. 네덜란드 암스테르담의 스키폴국제공항에서는 아무리 청소해도 늘 원상태로 돌아가는 남자 화장실로 고심하다 소변기에 파리 모양 스티커를 붙여 놓았습니다. 소변을 눌 때 파리를 맞추려고 조준하는 사람들이 많아지면서 변기 밖으로 튀는 소변의 양이 80퍼센트나 줄어들었다고 합니다. 이는 '소변을 흘리지 맙시다!'라는 경고문보다 훨씬 좋은 효과를 냈습니다.

또 다른 사례가 있습니다. 교통사고가 났을 때 안전벨트를 착용하는 것만으로도 큰 피해를 줄일 수 있다는 것은 누구나 잘 알고 있습니다. 우리나라에서는 승차 시, 전 좌석 안전벨트 착용을 의무화하고 있습니다. 그럼에도 불구하고 여전히 많은 사람들이 안전벨트를 착용하지 않습니다. 이 문제는 브라질에서도 심각했나 봅니다. 안전벨트 착용 문제를 해결하기 위해 브라질에서는 'Safety wi-fi' 캠페인을 진행했습니다. 택시에 탑승한 승객들이 안전벨트를 착용한 경우에만 와이파이^{wifi}를 무료로 사용할 수 있도록 한 것이었죠. 그 결과, 놀랍게도 택시에 탑승한 대부분의 승객들이 안전벨트를 착용했다고 합니다.

큰 아이디어가 아니어도 상관없습니다. 그저 약간 다르게 비틀어보고 변화를 주기만 해도 사람들의 삶을 변화시키는 큰 힘이 될 수 있습니다. 내 주변의 사소한 문제부터 사회문제까지, 이를 해결할 방법을 훈련하는 건 그 자체로 큰 자산이 됩니다. 그러니 자유롭게 관찰하며 생각을 펼치는 것을 두려워하지 마세요.

세상을 거꾸로 만들 혁신 5단계

1단계. 나의 관심 분야 찾기
사람들은 관심 분야가 모두 다릅니다. 어떤 사람은 환경이 훼

손되는 모습을 볼 때 안타까워할 수 있고, 또 어떤 사람은 누군가 학대받거나 폭력을 당할 때 뜨거운 무언가가 가슴으로부터 솟아오르기도 합니다. 차별받고 인간다운 권리를 누리지 못하는 사람을 보면 정의감이 들기도 하고요. 동물을 아주 좋아해 동물의 권리를 위한 활동을 하고 싶다는 꿈을 갖기도 하죠.

그렇다면 이러한 관심 분야는 어떻게 찾을 수 있을까요? 어딘가 멀리 모험을 떠나서 알아내는 게 아니라 바로 우리의 일상생활에서 찾을 수 있답니다. 학교 수업 시간에 배우는 교과서와 선생님의 말씀, 신문과 방송, 영화 등 미디어를 통해서도 알아낼 수 있습니다.

우리는 앞서 많은 영웅들이 수업 시간에 선생님이 하신 말씀 한마디를 듣고서, 또 신문이나 뉴스를 접하면서 문제의식을 느끼는 경우를 살펴봤습니다. 라이언 레작은 수업 시간에 선생님의 한마디에 영향을 받아 아프리카에 우물을 세웠습니다. 크레이그 킬버거는 이크발 마시흐의 이야기를 신문을 통해 접했습니다. 그가 신문을 읽지 않았다면 지구 반대편의 이크발 마시흐를 만날 수 없었을 것입니다. 또 가장 가까운 가족이나 친구와 대화하다가 어떤 아이디어와 영감을 얻을 수도 있습니다. 자신이 매일 접하는 주변 이웃의 문제를 그저 스치지 않고 관심을 가져 해결한 사례도 있습니다. 마치 나비효과처럼 사소한 관심이 위대한 문제 해결로 커진 경우죠. 때로는 자신의 취미나 재능에서 관심사를 발견할 수도 있습니다. 어떤 친구는 손재주가 좋아 바자회에 자신이 직접 만든 쿠키를 팔아서 얻은 수익금을 기부했습니다. 또 어떤 친구는 인기 왕으로 뽑힐 만큼 어린아이들과 정말 잘 놀아주고, 또 어떤 친구들은 어르신들과 이야기를 잘 나누고, 어떤 친구들은 기술에 능통해 기술 관련 지식을 담당하기도 합니다. 이때 여러분이 꼭 해야 할 일이 있습니다. 바로 나의 마음이 어떤 대상에 반응하는지 살펴보는 것입니다.

"누구를 볼 때 마음이 아프니?"
"어떨 때 화가 나니?"

이런 질문을 통해 나의 감정을 똑바로 인식하는 연습부터 시작하면 좋습니다. TED나 세바시(세상을 바꾸는 시간 15분)와 같은 강연 프로그램을 보면서 견문을 넓히고 영감을 얻을 수도 있겠지요. 다양한 방식으로 세상을 변화시키고 선한 영향력을 펼치는 사람들의 강연을 듣다 보면 자기도 모르게 어느 순간 가슴 떨리는 자신을 발견할 수 있을 거예요. 누구든지 자기 색깔에 맞는 사회 참여 활동을 찾을 수 있답니다.

이처럼 세상을 바꾸는 10대 영웅의 1단계는 바로 '내가 어떤 분야에서 활동하고 싶은지 스스로 잘 아는 것'입니다.

2단계. 문제를 정의하고 대안을 찾기 위해 공부하기

관심 분야를 찾았으면 그다음 단계는 바로 '공부'를 하는 것입니다. 우리는 '공부' 하면 괜히 한숨부터 나오고 거부감이 듭니다. 하지만 자신이 다루고자 하는 문제를 정확히 알아야 다른 사람들의 지지를 받아낼 수 있고 제대로 힘을 발휘할 수 있답니다. 공부는 자신의 관심 분야를 확실히 알고자 배경 지식과 정보를 찾고 다시 자신의 관점으로 재구성하는 것입니다. 그런데 우리나라 학생들은 주입식 교육에 익숙해 무턱대고 암기하고 여러 문제를 반복해서 풀기만 합니다. 자신의 관점으로 생각하고 말이나 글로 표현하지 않으면 사실 완벽한 공부가 아닙니다.

그런 의미에서 관심 주제를 알아보기 위해 시간을 들여 여러 정보를 조사하고 자신의 것으로 해석하는 2단계는 매우 중요합니다. 광범위한 곳에서 문제를 정확히 찾아내 문제를 구체화할 수 있기 때문입니다. 이때 가장 필요한 것이 '호기심과 끈기'입니다.

우리가 앞에서 살펴본 잭 안드라카는 인터넷으로 수많은 논문을 읽으면서 혈액에서 발견되는 수천 개의 단백질을 찾아냈습니다. 그 후 수천 번의 끈질긴 실험을 한 결과, 췌장암 발견 진단 키트를 만들어 냈습니다. 버크 베어는 어떤가요? 제품을 개발하거나 시스템을 변화시키지는 않았습니다. 그저 관련 분야에 대해 충분한 지식을 쌓고, 자신의 주변 친구들을 설득했을 뿐이지요. 버크 베어는 자연스럽게 호기심을 충족해 가는 '꼬리에 꼬리를 무는 공부'를 했습니다. 처음에는 액상과당이 무엇인지부터 찾아 봤습니다. 그리고 유전자 조작 식물과 유기농산물, 산업화된 거 대 식품 시스템의 광고와 마케팅까지 즐겁게 자신의 호기심을 충 족해 나가는 공부를 했습니다. 그래서 어른들의 설명과 잔소리보 다 훨씬 효과적으로, 나쁜 식습관과 푸드 시스템에 길들여진 아 이들을 변화시킨 것이지요.

공부할 때 중요한 것이 있습니다. 바로 '스스로 질문하면서 공 부해야 하는 것'입니다. 그래야 방대한 자료에서 길을 잃지 않을 수 있습니다. 스스로 질문하고 생각해 보는 것과 지식이 조화를 이룰 때 공부하는 중간에 지쳐 포기하지 않고 다음 단계로 넘어 갈 수 있답니다. 그리고 이러한 공부는 여러분의 엄청난 무기와 초능력이 될 것입니다.

문제를 발견하고 대안을 찾기 위한 공부법

1. 언론에 나온 기사들과 책을 살펴보고 다음 질문에 답 해 봅시다.
· 어떤 조치가 필요하다고 생각할 만한 상황은 무엇인 가?

· 그 문제는 어디에서 일어나고 있는가?

· 그 문제는 누구에게 영향을 미치고 있는가?

· 왜 그런 상황이 벌어지고 있는가?

· 이 문제점은 지역사회에서 얼마나 심각한가?

· 이 문제점에 관심을 기울여 변화를 일으키고자 히는 개인이나 단체, 조직이 있다면 누구인가?

· 만약 있다면, 이들의 활동과 정책이 갖는 장점과 단점은 무엇인가?

· 이 문제점을 처리하기 위한 법률이나 정책 등 이미 실행되고 있는 일은 무엇인가?

2. 여러분이 찾은 문제점에 대해 주변의 많은 사람들 역시 심각하게 느끼고 있는지를 살펴봅시다.

3. 선정한 문제점과 관련하여 도서관과 인터넷을 이용해 자료를 조사하고, 전문가, 행정기관 담당자, 시민단체 활동가와 인터뷰를 하고, 지역 주민을 대상으로 설문 조사를 하는 등 구체적으로 활동해 봅시다.

4. 관련 행정기관에 이 문제를 해결해야 하는 이유를 분명하게 설명하고, 관계자들을 설득할 방법도 찾아봅니다.

관심 주제를 공부할 때 중요한 것은 바로 객관적이고 중립적으로 정보를 바라봐야 한다는 점입니다. 의도적으로 어떤 특정한 방향만을 바라보고 생각하게 하는 자료나 정보를 잘 걸러낼 '안목'이 필요합니다. 이러한 안목은 한 번에 생기는 것이 아니기에 문제에 대하여 서로 다른 관점과 입장을 보여 주는 다양한 자료를 균형 있게 살펴야 합니다. 그래야 어느 한쪽으로 치우쳐 사건을 바라보는 오류를 줄일 수 있습니다.

3단계. 구체적인 활동 방식 구상하기

관심 주제를 찾고 그 주제를 공부했다면 이제는 문제 해결을 위해 행동할 단계입니다. 행동으로 옮기기 위해서는 먼저 구체적인 방법을 고민해야 합니다. 사회 참여 활동에는 다양한 방식이 있습니다. 환경을 보호했던 영웅들을 떠올려 볼까요? 아름다운 지구를 잘 보존해야 한다는 큰 목적은 모두 같았지만, 그 목적을 이루기 위한 목표와 활동 방식은 모두 달랐습니다.

어떤 친구는 환경운동가가 되어 국제사회에 목소리를 냈고, 어떤 친구는 직접 단체를 세워 정화 활동을 하러 바다에 나갔습니다. 또 어떤 친구는 정책에 반영되도록 시민들에게 지지 서명을 받아 정부에 탄원서를 제출했습니다. 또 다른 친구는 대체에너지 시스템을 만들고 바다 스스로 정화가 가능하도록 했습니다. 이처럼 환경을 보호하는 방식과 활동은 각자의 재능과 성향과 처한 환경에 따라 다양하게 진행됩니다.

캠페인 열기, 서명운동, 설문 조사, 신문이나 방송국에 편지 쓰기, 청원 활동, 모금 활동, 영상 제작하고 알리기, SNS에 글 올리기, 회원 모집, 보급품 모으기 등 여러분이 생각하는 가장 적절하고 효과적인 방법은 무엇일지 실제로 내가 활동 가능한 구체적인 방법을 고민해 봅시다. 더욱 현실적으로 해결하고 싶다면 앞에서 언급한 다양한 활동 후에 문제의 결과를 좌우할 결정권이 있는 사람들을 만날 수 있습니다. 기업주, 국회의원, 사회단체의 활동가들을 만나 그들에게 여러분의 의견을 전달해 도움을 요청하거나 설득하는 것은 큰 효과를 거둘 수 있으니까요.

활동 계획 세우기

1. 내가 하고자 하는 것을 분명하게 하도록 목적과 목표를 적습니다.
· '나는 왜 이 일을 하는지, 이 활동을 통해 내가 이루고자 하는 것은 무엇인지' 생각해 봐야 합니다. 일의 목적과 목표를 구체적이고 선명하게 적어 봅니다.

2. 목표에 도달할 방법을 생각합니다

· 여행을 한번 생각해 볼까요? 여행하고픈 목적지로 가
는 방법은 여러 가지입니다. 비행기나 기차, 버스 등의
대중교통으로 갈 수도 있고, 자가용이나 오토바이, 자
전거로 갈 수도 있습니다. 꿈으로 가는 방법 역시 다양
합니다. 그리고 여러분이 하고자 하는 사회 참여 방법
도 여러 가지입니다.

> **예** 봉사활동, 캠페인, 설문 조사, 신문이나 방송국에 편
> 지 쓰기, 청원 활동, 조례 제정, 모금 활동, NPO 활동, 영
> 상 제작하고 알리기, SNS에 글 올리기, 사이버 서명운
> 동, 회원 모집, 보급품 모으기, 크라우드 펀딩 등

3. 실천 활동 일정을 생각해 봅시다. 또 혼자서 할지, 만
일 함께한다면 누구와 할지도 생각해 봅니다.

· 언제, 어디서, 누구와 어떻게 할 건가요?

· 만약 함께한다면 구성원 각자의 역할은 무엇입니까?

이처럼 실행 목표를 구체적으로 세워야 곧바로 작은 행동으로라도 옮길 수 있습니다. 우리가 앞에서 살펴본 10대 영웅들은 모두 목표를 구체적으로 세웠답니다. 비비안 하르는 '500명의 노예 어린이를 돕자', 버크 베어는 '하루 한 명에게 바른 먹거리를 알리자'라는 목표를 세웠고, 결국 실행하기 어려워 보이는 일에 성공했습니다.

4단계. 표현하고 동참 권유하기

여러분의 뜻과 생각을 사람들에게 표현해야 그들이 이를 인지할 수 있습니다. 속으로만 생각해서는 그 누구도 여러분이 하고자 하는 일을 모르기 때문이죠. 아직 청소년이라 투표권은 없지만 자신의 목소리를 세상에 외치고 연대와 협력이라는 든든한 힘을 사용한다면 세상을 변화시킬 수 있답니다. 물론 여러분의 생각을 표현할 때는 많은 용기가 필요합니다. 10대 영웅들 가운데는 자신의 신념과 대의를 세상에 알릴 때 어려움을 겪기도 했으니까요.

그레타 툰베리처럼 1인 시위를 할 수도 있습니다. 또 때로는 미국 청소년들의 총기 규제 강화 시위와 영국 여학생들의 생리 빈곤 퇴치 운동처럼 집회를 기획해 여럿이 힘을 합쳐 대의를 실현할 수도 있습니다. 요즘은 SNS를 활용해 자신의 아이디어와 신념을 표현하기도 합니다. 만약 말랄라 유사프자이가 블로그에 아프가니스탄 여성들이 처한 현실을 용감하게 알리지 않았다면 최연소 노벨 평화상 수상자도 나오지 못하고 여성들이 처한 상황을 대변할 수도 없었을 것입니다. 김남규는 SNS로 자신과 함께 활동할 친구들을 모았습니다. 클레어 와인랜드는 유튜브를 적극 활용해 힘겹지만 아름다운 삶의 순간들을 잘 담아내 세상에 감동을 주었습니다. 이처럼 자신의 목소리를 내고 세상에 적극적으로 공유하면 어느 순간 나와 비슷한 사람들을 만나 뜻과 마음, 힘을 합쳐 더 큰 일을 해내기도 합니다.

대의 지지 활동과 공공의사 표현 방법에도 여러 가지가 있습니다. 공적으로 의사를 표현하는 방법이라고 하면 사람들은 뭔가 비장하게 팻말을 들고 구호를 외치며 과격한 시위와 집회를 떠올립니다. 하지만 공공의사 표현은 정부 기관과 기업 또는 어떤 단체에 법이나 정책으로까지 변화가 일어나는 것을 목적으로 하는 행위입니다. 아미카 조지와 멜라티 위즌 그리고 메모리 반다는 실제로 자신이 속한 지역사회의 정책과 제도까지 바꿨습니다. 가끔 뉴스를 보면 과격하고 폭력적인 시위와 집회가 많이 나오는데, 공공의사 표현이 꼭 이렇게만 이뤄지는 것은 아닙니다. 미디어는 사람들의 주목을 받아야 하기에 좀 더 자극적인 이미지가 나오는 것일 뿐, 실제로는 평화적으로 이뤄지는 경우도 많습니다.

그런데 왜 이처럼 적극적으로 나서서 표현하고 공유해야 할까요? 그 이유는 인지도를 높여 사람들의 지지를 얻어내기 위함입니다. 그래야 사람들의 인식과 태도가 변하고 실제 정책과 제도의 변화에 영향을 끼치기 때문입니다. 그러면 실제로 더 나은 세상으로 변하는 것이죠.

학생에게도 보장되는 표현의 자유

> 학생에게도 표현의 자유(결사 및 집회의 자유)가 보장됩니다. 어른들의 눈에는 학생들이 미성숙하여 항상 보호받고 통제해야 할 대상으로 보입니다. 하지만 학생들도 자신의 의견을 자유로이 밝힐 권리가 있으며, 이렇게 표명된 의견은 학생의 나이와 성숙도에 비례하여 정당한 절차에 따라 존중받고 반영되어야 합니다.
>
> -유엔아동권리협약 제12조

학생들에게 의사 표현의 기회 보장은 원칙적으로 학교 내·외에 따라 달리 취급되는 것이 아니며, 공동체 질서를 해칠 우려가 없다면 최대한 넓게 보호하고 인정해야 합니다. 또한 '교육기본법'이 학교 교육의 기본 취지에 대해 '민주시민 교육'을 지향하고 있으므로, 학교 교육에서 민주주의 시민의 가장 핵심적인 권리인 표현의 자유를 최대한 보장하는 것은 너무도 당연합니다.

목소리 내는 방법: 대의 지지 활동 및 공적 의사 표현

· 자신의 신념과 뜻에 맞는 시민단체를 후원하거나 지지합니다.
· 거리에 나가 탄원서에 서명을 받습니다.
· 집회에 참석해 잘못된 공공정책을 반대합니다.
· 인터넷 사이트나 커뮤니티 그리고 SNS를 통해 의견을 표현하고 다른 사람들과 쉽게 정보를 공유하여 지지를 얻을 수 있습니다. 단체를 만든다면 실제 후원자와 참여자를 오프라인과 온라인으로 모을 수 있습니다.
· 집회와 시위를 기획하거나 참가할 수도 있습니다. 단, 집회를 주최하려면 장소 섭외를 먼저 해야 합니다. 그런 다음 관할 경찰서에 늦어도 집회 이틀 전에는 집회 신고를 꼭 해야 합니다. 이때 날짜·장소·예상인원·대표자·질서유지인 등을 적어야 합니다.
질서유지인은 만 18세 이상이어야 하고, 예상 참가자 수의 5~10퍼센트는 확보해야 합니다. 초와 종이컵, 우비, 피켓과 홀더 같은 물품도 준비해야 합니다. 이때 기발하고 참신한 방법으로 사람들의 주목을 끄는 게 좋습니다. 청소년만의 순수하고 창의적인 메시지를 세상에 전한다면 집회와 시위를 넘어 즐거운 축제가 될 수도 있겠지요. 주의해야 할 점은 욕설과 폭력과 같이 감정적인 반응을 보이기보다는 침착함을 잃지 않아야 한다는 것입니다. 감정이 격해져 갈등이 생기거나 무력충돌까지 일어나면 행사 자체의 취지가 퇴색된답니다.

· 신문과 방송 등 대중매체에 노출이 되면 좋습니다. 이벤트를 개최하거나 보도자료를 발행해 대중매체에 많이 알려지면 여러분의 활동은 탄력을 받습니다. 특히 대한민국같이 입시만이 중요한 곳에서 10대 청소년이 세상을 변화시키는 활동을 한다고 하면 대중매체는 더 많은 관심을 보일 것입니다. 대중매체가 당장 여러분을 주목하지 않는다 해도, 여러분이 직접 행사와 활동 과정을 영상과 사진으로 기록해 대중매체에 보내거나 SNS에 공개할 수도 있습니다.

· 공무원이나 국회의원, 지방자치단체 의원들에게 의견을 전달할 수도 있습니다.

· 영향력 있는 어른들, 예를 들면 기업인, 연예인, 방송인 등 여러분의 대의와 비슷하거나 동의하는 사람들과 연락을 취해 그들과 함께 대중에게 문제를 알리고 해결하도록 합니다.

· 비윤리적이라고 생각하는 회사의 상품이나 서비스 불매 운동도 공공의사 표현에 들어갑니다.

인지도를 높이는 방법

· 팔찌, 리본, 배지 등을 나누어 주기.
· SNS로 알리기 : 요즘은 위의 방식보다 SNS에 시각적 이미지나 동영상을 올려 메시지를 전달합니다. 춤이나 퍼포먼스 또는 어떤 이목을 끄는 행동이 담긴 영상을 본 사람들이 서로 공유하다 보면, 금세 여러분의 이야기가 퍼집니다.
· 티셔츠에 메시지 넣기 : 자신의 목소리를 자신있게 내고 싶다면 당장 혼자서라도 입고 다니세요! 단체로 티셔츠를 맞춰 입어도 좋고 티셔츠를 판매하여 기금을 모을 수도 있습니다.

5단계. 흩어진 '동감'을 하나로 연대하기

혼자서 뭔가를 바꾸려고 하면 많은 어려움을 만납니다. 그중 하나는 혼자 잘난 척 튀는 것에 대한 주저함입니다. 특히 우리나라처럼 유교 문화가 강한 나라에서는 더욱 위축되지요. 이 어려움을 극복하는 방법이 바로 '연대', 함께 행동하는 것입니다. 혼자 히려면 위축되고 실천이 어렵지만 함께하면 용기가 생깁니다. 또 하다 보면 탄력이 붙어 나중에는 혼자 할 때보다 더 결과가 좋습니다. 따라서 뜻을 이루기 위해서는 나와 같은 뜻을 가진 사람들과 힘을 합치는 것도 아주 효과적인 방법입니다.

'백지장도 맞들면 낫다'라는 속담이 있습니다. 사회 혁신을 위해 함께 연대하면 구체적으로 어떤 이점이 있을까요? 바로 다양한 아이디어와 정보, 그리고 실질적으로 운영할 수 있는 자금과 여러 기술 등을 모을 수 있어 대의를 실현하기에 더 효율적입니다. 또 외롭지 않습니다. 어려움을 만날 때마다 이겨내고 다시 앞으로 나갈 힘도 얻고 지혜도 모을 수 있겠죠. 청소년 시기에 이런 활동을 하면서 멋진 우정도 만들 수 있을 것입니다. 저는 사실 이 자체만으로도 아주 고귀하다고 봅니다. 뜻이 맞는 사람들과 함께 하겠다면 기존의 단체에 가입하든지 아니면 직접 단체를 만들 수도 있습니다. 우리가 앞에서 살폈던 10대 영웅 중에는 자신이 직접 단체를 만든 경우가 많습니다.

'똥 학교'의 오명을 씻어낸
76명의 영웅들

'똥 학교'라고 놀림 받는 한 초등학교가 있었습니다. 부산 기장군 대변리에 위치한 이 학교의 이름은 '대변초등학교'이지만 사실은 아름답고 푸른 바닷가 근처에 있는 아주 근사한 학교랍니다. 이 학교에는 한 학년이 12명 정도밖에 되지 않습니다. 이 아이들은 자신의 학교가 너무 좋지만 학교 이름으로 놀림 받는 게 큰 스트레스였습니다. 대외 행사 때마다 사회자가 학교를 소개하면 웃음거리가 되었고, 기장군 초등학교 축구대회 때는 선전하던 선수들이 "똥 학교!"라고 외치는 상대편의 야유에 속수무책으로 무너질 정도였습니다. 심지어 난센스 퀴즈 모음집에 '이 세상에서 가장 더러운 학교는?'이라는 퀴즈의 정답으로 '대변초등학교'가 등장하기도 했답니다. 대변초등학교 친구들은 자신이 다니는 학교 이름을 누가 물어보지 않았으면 하고 바랐습니다. 처음에는 웃으며 농담으로 받아들였지만 놀림이 계속되다 보니 나중에는 학교 이름을 밝히지 못했습니다. 그러던 어느 날 전교 부회장으로 출마한 한 학생이 공약을 걸었습니다.

"제가 부회장이 된다면 학교 이름을 바꾸는 데 적극 나서겠습니다!"

그렇게 이 친구는 2017년 2월 전교 부회장이 되었고, 자신이 했던 약속을 지키고자 고군분투했습니다. 선생님과 부모님과 마을 주민들은 모두 부회장 친구에게 이렇게 말했습니다.

"학교 이름을 바꾸는 게 얼마나 복잡하고 어려운지 아니? 네가 나선다고 쉽게 될 일이 아니야."

학교를 졸업한 선배들도 반대했답니다.

"전통이 있는 우리 학교의 이름을 바꿀 수는 없어!"

그러자 학생들이 직접 나서기 시작했습니다. 학교 선배들에게 직접 편지를 써 보내고 지역 행사나 전국 행사에서 서명을 받았습니다. 처음에는 사람들 앞에 나서서 무엇을 부탁하고 요청하는 게 창피했지만, 막상 시작해 보니 그렇게 어렵지 않았습니다. 지레 겁부터 먹었던 게 우스울 정도였습니다. 오히려 어른들은 어린 학생들을 기특하게 여겼습니다. 그래서 학생들은 열심히 서명을 받았고, 76명밖에 안 되는 학생들이 무려 4천 명이 넘는 사람들의 서명을 받는 결과를 냈습니다. 또 학생들은 여러 신문과 방

교명 변경을 위해 서명 운동을 하는 친구들

송에 나와 주목을 받더니, 실질적으로 문제의 결과를 좌우할 결정권이 있는 해운대 교육청과 부산광역시 교육청 공무원들까지 만났습니다. 마침내 2018년 3월, 대변초등학교에서 '용암초등학교'로 이름을 바꾸는 데 성공했습니다.

· 2017년 2월, 전교 부학생회장이 교명 변경을 공약으로 내걸고 당선
· 3월, 교명 변경 추진위원회 구성
· 3~4월, 교명 변경 의견 수렴을 위한 공청회 개최
· 3~7월, 학생들의 서명 운동 및 졸업생들에게 편지 발송

- · 4~7월, 교명 변경 운동이 각종 매체에 보도
- · 7월, 학생, 학부모, 졸업생 대상으로 교명 공모
- · 9월, 해운대교육지원청에 교명 변경 신청
  - → 해운대교육지원청 교명자문위원회 심의
  - → 부산광역시교육청 교명심의위원회 심의
  - → 부산광역시의회 교육위원회 통과
  - → 부산광역시의회 본회의 조례 개정
- · 2018년 3월, '대변초등학교'에서 '용암초등학교'로 명패 교체

이 복잡한 일을 아직 어리게만 여겨지는 초등학생이 해결한 것이 믿어지나요? 우리가 위에서 살펴본 사회 참여 단계대로 이 학생들은 한 단계씩 차분하게 해결해 나갔답니다. 아이디어가 아이디어에서만 머물지 않고 실제로 실현되도록 노력한 것이죠. 지역 주민의 지지를 얻고자 서명도 받고, 사람들에게 이 이슈가 널리 알려져야 더 큰 지지를 받을 수 있기에 방송과 신문 등 미디어도 잘 활용했습니다.

또 그 이후에 실질적인 행정업무를 위해 교육청과 시의회까지 갔습니다. 아무리 힘들어도 한 단계 한 단계 차근차근 합리적으로 헤쳐 나간다면 문제를 해결할 수 있답니다. 불편을 참고 미루는 대신 자신의 힘으로 세상을 변화시킨 아이들을 보니 미래가 밝게 느껴집니다.

이 책을 읽고 있는 여러분도 지금 당장 자신과 주변을 한번 둘러볼까요? '나'로부터 시작되는 좋은 변화들이 곧 시작되길 기대하면서요!

아주 작은 움직임이라도 괜찮아, 시작이 중요해!

『세상을 바꾼 10대들, 그들은 무엇이 달랐을까?』가 꾸준한 사랑을 받아 드디어 개정판을 내게 되었습니다. 그 동안 이 책을 통해 자신의 꿈을 키운 학생들도 여럿 만나 참 기뻤습니다. 외국에만 열정 넘치는 10대가 있는 게 아니라 우리나라에도 책에 나온 인물들처럼 소중하고 필요한 가치를 위해 스스로 행동하는 멋진 10대 친구들이 점점 늘어나 감사했습니다. 무엇보다 세상의 문제에 귀 기울이고 주도적으로 문제를 해결하려는 순수한 열정에 어른인 저도 참 많이 배웠습니다.

그중 디자인에 관심이 있던 한 고등학생이 생각납니다. 이 친구는『세상을 바꾼 10대들, 그들은 무엇이 달랐을까?』를 읽고 그냥 디자이너가 아닌 '사람들의 삶의 질을 높이는 디자이너'가 되고 싶다며 스스로 꿈을 업그레이드했습니다. 사회에 긍정적인 영향을 끼치는 품격 있는 꿈으로 스스로가 더 가치를 부여한 것이지요. 이후 '디자인 공예 수업'에서 모둠원들과 생활 속 불편한 점을 찾아 개선하는 활동을 하던 중에 문득 집 근처 상가 길가에 앉아 채소를 팔던 할머니들을 떠올렸습니다.

할머니들을 볼 때마다 주변 환경도 좋지 않고 바로 옆이 차도이기에 위험할 것 같다고 생각한 학생은 어느 날 용기를 내어 할머니들께 무엇이 불편한지 여쭤보았습니다. 곧바로 할머니들에게 비나 햇빛을 피할 수 없어서 가장 힘들다는 답을 들었습니다. 이 학생은 여러 독특한 포장마차에서 아이디어를 얻어 할머니들의 문제 해결을 돕는 디자인을 시도하기로 마음먹었습니다.

학생은 길거리에서 채소를 파는 어르신들을 위해 안전하면서도 미관을 해치지 않는 판매 공간을 구상했습니다. 기존에 돗자리를 펴고 앉아서 판매하는 형태는 유지하되, 판매대를 바닥에서부터 조금 높여 올리고 포장마차처럼 천장과 뒤쪽을 막아 비와 햇빛을 피할 수 있게 디자인했죠. 이후 할머니들께 보여드리며 보완을 했고, 디자인한 것을 스케치하여 친구들과도 공유했습니다. 하지만 노점상 문제가 단순히 판매 공간을 개선한다고 해서 해결되는 것은 아니었습니다. 지자체에 내는 세금 문제라든지 정책적으로 확인할 것이 많음을 알게 되었습니다. 그저 좋은 디자인만으로 변화를 이루는 것이 아니라 정책과 제도, 사람들의 인식이 모두 조화롭게 변화되어야 문제를 해결할 수 있음을 배우게 된 것이죠.

비록 이 학생의 디자인이 구체적으로 실현되지는 못했지만, 이 학생은 이 활동을 통해 평소에 주변을 세심히 관찰하고 조금이라도 나은 환경을 구상해 보는 습관이 생겼습니다. 또한 아픔과 어려움을 가진 사람들을 공감하며, 그들이 가진 '문제'에 관심을 갖고 이들을 돕는 디자이너로 성장하고 싶은 비전이 생겨났습니다. 이러한 경험과 배움은 단순히 좋은 대학에 들어가는 입시 이상의 소중한 성장과 가치의 열매였습니다.

여러분도 이 사회가 조금 더 나아지고 이 세상이 조금 더 살기 좋아지도록 뭔가 바꾸고 싶은 것이 있다면 아주 작은 움직임이라도 좋으니 실천으로 옮겨 보세요.

미래 사회 변화의 주체가 될 여러분을 진심으로 응원합니다.

참고 문헌

◎ 도서

* 매슈 리시아크, 잭 안드라카 지음, 이영아 옮김,『세상을 바꾼 십대, 잭 안드라카 이야기』알에이치코리아(RHK), 2015
* 윌리엄 캄콤바, 브라이언 밀러 지음, 김홍숙 옮김,『바람을 길들인 풍차소년』서해문집, 2009
* 방귀희 지음,『세계장애인물사』솟대, 2015
* 제이크 브라이트, 오브리 호루비 지음, 이영래 옮김,『넥스트 아프리카』미래의 창, 2016
* 안 얀켈리오비치 지음, 김윤진 옮김,『세상을 바꾸는 아이들』파란자전거, 2013
* 말랄라 유사프자이 지음, 박찬원 옮김,『나는 말랄라』문학동네, 2014
* 마크 & 크레이그 킬버거 지음, 강미경 옮김,『나에서 우리로』해냄출판사, 2005
* 전국사회교사모임 지음,『아름다운 참여』돌베개, 2019
* 김하연 지음, 이해정 그림,『어린이를 위해 어린이가 뭉쳤다』초록개구리, 2018
* 존 슐림 지음, 정태영 옮김,『세상을 바꿀 용기』미래인, 2017
* 가스 선뎀 지음, 김선희 옮김,『아이들이 꿈꾸는 세상』파라주니어, 2013
* 바바라 A. 루이스 지음, 정연진 옮김,『10대, 세상을 디자인하다』소금창고, 2013
* 홍성수 지음,『말이 칼이 될 때: 혐오표현은 무엇이고 왜 문제인가?』어크로스, 2018
* 김하연 지음,『똥 학교는 싫어요』초록개구리, 2018

◎ 신문, 잡지, 사이트

* Harvey Day. Five teens who changed the world. BBC 2019.4.24
* South African teen wins Google prize for orange peel innovation. BBC

2016.9.28

* 손문탁, '더 이상 목마른 작물은 없다' 키아라 니르긴(Kiara Nirghin)의 구글 과학전 우승기. 크리천과학기술포럼. 2017.10

* 박종익, 인도 14세 소년, 지뢰 제거용 드론 개발 '돈방석'. 서울신문. 2017.1.17

* 이연주, 청소년의 상상이 현실이 된다. 구글 사이언스 페어. 베네핏. 2016.10.

* 조도혜, 김도균, '유방암 방지' 18세 남학생이 여성용 속옷 발명한 이유. SBS 뉴스 2017.6.30

* 나지홍, [월드 톡톡] 13세 소년이 창업한 점자프린터 벤처기업… 인텔이 수십만 달러 투자. 조선일보. 2014.11

* 김익현, 레고로 점자프린터 개발 13세 소년 '대박 신화'. ZD Net Korea. 2014.11

* 박준우, 美 21세 난치병 유튜브 스타, 2명에 새 삶 주고 떠나다. 문화일보. 2018.9.5.

* 사라 그로스먼Sarah Grossman. 21세 청년 '보안 슬랫'의 기적적인 바다 청소 기술이 곧 실제로 사용된다. 허핑턴포스트. 2016.6.9.

* 엠네스티, 기후변화 활동가 그레타 툰베리와 '미래를 위한 금요일', 국제엠네스티 양심대사상 수상. 국제엠네스티한국지부. 2019.6.7

* 노진섭, '비닐봉지 없는 세상' 만든 10대 발리 소녀. 시사저널. 2018.10.11.

* 임성호, '생리대 없어 13만 명 결석'… 英, 중등·대학생 생리대 무상 지급. 2019.3.14.

* 최현정, "총인지 학생인지 택하라" 고교생들 분노에 미국 '들썩'. 오마이뉴스. 2018.2.23.

* 박현진, 돈 뜯기고 매맞고... 저를 혼자 두지 마세요. 오마이뉴스. 2013.08.28.

* 최서양, 박채연, 홍예린, 장수 사진 무료로 찍어드립니다. 중앙일보. 2017.8.4.

* 김남규, 청소년들이 장수 사진을 찍어드립니다. 오마이뉴스. 2017.10.26

* 건강한 한 끼 식사가 만들어 낼 멋진 미래를 꿈꾸는 레미 스미스. 주니어앰배서 더블로그. 2016.5.3.

* 김지은, 15살 소년은 어떻게 방에 앉아 잊혀진 마야 도시를 찾았나. 한겨레신문. 2016.5.11

* 뜨거운 차 안에서 아이들 사망사고 막을 수 있는 발명품 개발한 10살 꼬마. 포크 포크. 2018.9.13.

* 이종민, '놀림거리' 대변초등학교 55년 만에 교명 바뀐다. 연합뉴스. 2017.8.17.

◎ 영상

* 잭 안드라카, 10대 소년이 발견한 췌장암 조기 발견법. TED. 2010
* 키아라 니르긴, Are we wasting our brains?. TED. 2018
* 클레어 와인랜드, 치료를 기다리지만 말고, 인류에 봉사를 시작해 보세요. TED. 2018
* 윌리엄 캄쾀바, 윌리엄 캄쾀바 풍력발전기를 만든다. TED. 2007
* 윌리암 캄쾀바, 제가 어떻게 바람을 길들였을까요. TED. 2009
* 보얀 슬랫, How the oceans can clean themselves?. TED. 2012
* 그레타 툰베리, 기후변화에 맞서 지금 행동하도록 마음을 움직이는 사례. TED. 2019
* 버크 베어, 우리의 푸드 시스템은 무엇이 문제인가? TED. 2010
* 멜라티 위즌, 이사벨 위즌, 발리에서 비닐봉지 사용을 금지하려는 우리의 캠페인. TED. 2016
* 지우아딘 유사프자이, 나의 소중한 딸 말랄라 이야기. TED. 2014
* KBS 1TV 〈다큐1〉 '아프간 소녀, 소니타의 노래'. 2015.11.15
* 프리야 벌치, 위노나 궈, 인종주의 리터러시를 갖추기 위해 필요한 것. TED. 2017
* 홍정원, "문제는 총이라고"… 살아남은 美 플로리다 여고생 절규. 연합뉴스tv. 2018.2.19
* 학교폭력 피해 학생의 영화 도전기 - 우린 문제아가 아니다. 김현정의 뉴스쇼. 2013.08.21
* 트리샤 프라부. 자판을 두드리기 전에 다시 생각하세요. TED. 2014
* 비비안 하르. Be one person. TED. 2013
* 비비안 하르. Making a Stand. TED. 2015
* 조 피스카텔라. 우산혁명: 소년 vs. 제국. 넷플릭스. 2017
* SBS 영재발굴단 46회. 2016.2.24
* 안현모. 학교 과제 하다가… '대박' CEO 된 중2 소년. SBS 뉴스. 2016.05.25.
* 지식채널e, EBS <듣기 좋고 부르기 좋은>. 2018.3.6.